LARISSA KRAVITZ

money, honey!

Vorsorgen und Investieren für Einsteigerinnen

Mit Illustrationen
von S.R. Ayers

K&S

Für Chani, Dovid und René.

Inhalt

DIE INVESTORELLA STORY

„Jedes Minenfeld ist eine Goldmine."

Es war ein Sonntagabend im September 2018 und ich hatte noch keine Ahnung, dass dieser Satz in den nächsten 24 Stunden mein Leben verändern würde. Ich saß in einem Vortrag von David, dem Mann meiner Freundin Hannah. Die beiden sind das weiseste und inspirierendste Pärchen, das ich kenne. David ist ein eindrucksvoller Redner und ich war bis dato noch nie bei einem Vortrag von ihm, bei dem ich nicht gelacht und manchmal zugleich geweint habe.

„Seht ihr", meinte David zum Publikum. „Wir leben das Leben falsch herum. Immer wenn etwas nicht so läuft, wie wir es uns vorstellen, dann ärgern wir uns und fragen: Warum ich? Stattdessen sollten wir uns freuen, denn jedes Problem ist eine Chance, uns weiterzuentwickeln. Es ist ein Zeichen, dass du aus deiner Komfortzone raus musst, um zu wachsen. In jeder Herausforderung ist ein Schatz vergraben, der darauf wartet, von dir entdeckt zu werden. Wenn du also vor einem Dilemma stehst, dann ärgere dich nicht. Freue dich, denn es ist ein Zeichen, dass dir Großartiges bevorsteht."

Er erzählte die wahre Geschichte eines Gemischtwarenhändlers in Kanada am Anfang des 20. Jahrhunderts. Die Familie besaß ein relativ schlecht laufendes Geschäft und wohnte in der winzigen Wohnung über dem Laden. Die Eltern wachten jeden Tag mit Rückenschmerzen auf, da sie auf einer abgenutzten Matratze schliefen. Für den Geburtstag seiner Frau sparte der Mann jeden Cent, um sie mit einer neuen Matratze zu überraschen. Als er sich diese endlich leisten konnte, waren seine Rückenschmerzen so stark, dass er es nicht schaffte, sie über die Treppen hinaufzutragen. Die Matratze blieb also im Laden liegen. Natürlich ärgerte sich der Mann sehr darüber, doch als ihm dann ein paar Stunden später ein Kunde die Matratze um das Doppelte des Einkaufspreises abkaufte, verflog seine schlechte Laune. Zwanzig Jahre später besaß die Familie den größten Matratzenhandel Kanadas.

Es ist was Wahres dran, dass die besten Chancen oft so entstehen, dachte ich. Auch ich hatte in meinem Leben bereits mehrmals die Erfahrung gemacht, dass Situationen, die auf den ersten Blick negativ erschienen, am Ende des Tages zu etwas viel Besserem führten als ich je erwartet hätte.

Ich erinnerte mich an den Bewerbungsprozess bei einer Bank, als ich zwanzig Jahre alt war. Damals war ich zwar die beste Kandidatin, aber bekam den Job dann aus absurden Gründen nicht. Meine Enttäuschung war riesig, doch kurz darauf wurde ein weitreichender Skandal dieser Bank publik und ich war froh, dass ich nicht dort arbeitete. In der Zwischenzeit hatte ich zudem einen wesentlich besseren Job gefunden. „Jedes Minenfeld ist eine Goldmine." Das merke ich mir, dachte ich und spazierte nach dem Vortrag glückselig nach Hause.

Als ich am nächsten Morgen meine Augen öffnete, war mein Gefühl der Verbundenheit mit Gott und der Welt verschwunden. Es war Montagmorgen. Ein richtiger Montag. Ich wachte müde auf und konnte kaum aufstehen. Ich hatte keine Lust, zur Arbeit zu fahren. Zu spät dran war ich sowieso. Ich kroch aus dem Bett und duschte. Meine Haare machten natürlich nicht das, was ich wollte. Ich zog einfach irgendetwas an. Die Milch reichte gerade für den Kaffee. Eigentlich sollte ich schon seit einer halben Stunde im Büro sein. Ich entschied mich wie so oft gegen das Frühstück und dafür, direkt zu meinem ersten externen Termin zu fahren. Bei der Autobahnauffahrt begann der Stau.

Als ich meinen kleinen roten Mini mit Rennwagenstreifen auf dem Büroparkplatz zwischen all den Kombis in den verschiedensten Schwarz-Blau-Grau-Abstufungen einparkte, wurde ich bildlich daran erinnert, dass ich hier eigentlich nicht hineinpasste.

Ich leitete eine Stabsstelle in einem internationalen Immobilienkonzern, der in Deutschland, Österreich und Osteuropa operierte. An dem Unternehmen, für das ich arbeitete, war an sich nichts auszusetzen. Mein Job war interessant und gut bezahlt. An manchen Tagen musste ich unter Hochdruck dringende Probleme lösen, an anderen besichtigte ich mit Helm und Sicherheitsstiefeln halbfertige Baustellen, die die nächsten Hauptquartiere cooler Tech-Firmen werden würden. Nach ein paar Monaten im Unternehmen wurde ich gefragt, ob ich Teil des Aufsichtsrats sein wollte – des höchsten Gremiums einer börsennotierten AG. Ich war zu dem Zeitpunkt 32 Jahre alt und somit die jüngste Aufsichtsrätin eines ATX-Unternehmens.[1]

Obwohl meine Arbeit spannend war, hatte ich nicht das Gefühl, damit die Welt zu verändern. Anfang des Jahres hatte ich einen schweren Verkehrsunfall gehabt, der zum Glück keine permanenten Gesundheitsschäden außer oberflächliche Narben hinterlassen hatte. Doch die Sinnfrage, die ich mir danach stellte, saß tief. Nun hatte ich all diese Erfahrung, die Ausbildungen, die Sprachen und konnte meine Talente nicht wirklich dazu nutzen, die Leben vieler anderer Menschen positiv zu berühren.

Mein Büro – mit seinen Glaswänden und dem grauen Teppich – kam mir an diesem Tag wie ein goldener Käfig vor, in dem ich gefangen war und dazu verdonnert, Reports zu generieren, die deren Adressaten rein aus Pflichtbewusstsein lesen würden.

An dem besagten Montag war dieses Gefühl besonders schlimm und ich verfiel in eine gedankliche Abwärtsspirale. Ich ärgerte mich über all die Leute, die das Glück hatten, in scheinbar erfüllenderen Jobs zu arbeiten. Leute, die mit vielen Menschen arbeiteten und ihrer Kreativität freien Lauf lassen konnten.

Ich ärgerte mich über die Nachteile, die ich in meinem Leben gehabt hatte. Meine Eltern konnten mich in meiner Jugend nicht viel unterstützen, da sie in der Zeit selbst zu kämpfen hatten. Ich durchlebte Phasen der Krankheit und krassen Armut. Während andere ihre Studentenparties genossen, hatte ich eine 64-Stunden-Woche mit Vollzeitjob und berufsbegleitenden Studium. Die Jobsuche danach war nicht unbedingt einfacher. Ich war zwar sehr gut qualifiziert und hatte überdurchschnittlich viel Erfahrung für mein Alter, aber ich war nicht das, was Arbeitgeber in der Finanzbranche damals suchten: ein junger Mann im blauen Pulli von der Wirtschaftsuniversität.

Ich ärgerte mich darüber, dass ich in meinem aktuellen Job ehrlich versuchte mich einzugliedern und dies nicht so funktionierte, wie ich mir das vorstellte. Früher wäre ich einfach gegangen, wenn mir etwas nicht passte. Ich hätte den Job gewechselt oder gleich das Land. Diesmal blieb ich dran, aber scheinbar führte das nicht zum gewünschten Resultat.

Ich ärgerte mich vor allem über mich selbst und darüber, dass ich so enorm unzufrieden war. Auf gut Wienerisch würde man sagen: Ich war so richtig grantig.

DIE ERINNERUNG

Stopp, dachte ich mir, das kann's doch nicht sein! Davids Satz schoss mir wieder durch den Kopf: „Jedes Minenfeld ist eine Goldmine."

Ich atmete durch und entschloss mich nach einer wichtigen Lektion oder großen Wachstumschance in meiner aktuellen Situation zu suchen. Der erste Schritt war, mich selbst nicht so ernst zu nehmen und mich über das zu freuen, was ich hatte. Dankbarkeit lautete die Devise. Objektiv gesehen ging es mir nicht schlecht. Ich hatte ein Dach über dem Kopf. Ich hatte genug zu essen. Ich lebte in einem sicheren Land. Ich hatte einen Job. Es gibt viele Menschen auf der Welt, für die all das nicht selbstverständlich ist. Außerdem war ich in meinem Privatleben sehr glücklich. Immerhin war ich mit dem Mann meiner Träume verlobt.

Eine positive Gedankenspirale begann. Wenn ich daran dachte, wo ich Anfang zwanzig startete, konnte ich durchaus stolz auf meine Leistung sein. Da fiel mir plötzlich mein erster Arbeitstag als Aktienhändlerin ein.

Ich war 20 Jahre alt und überglücklich, dass jemand gewillt war, mir eine Chance zu geben, obwohl mein Lebenslauf nicht Schema F entsprach. Während der typische Weg war, nach der Schule zu studieren und dann in den Arbeitsmarkt einzusteigen, hatte ich bereits mit 18 begonnen zu arbeiten, machte mit zwanzig die Händlerinnenprüfung und studierte berufsbegleitend. Ich war also im Vergleich zu anderen Bewerberinnen relativ jung. Mein Chef hat damals wohl meine Leidenschaft für den Kapitalmarkt gesehen und mich für meinen Traumjob eingestellt – Aktienhändlerin.

Am ersten Arbeitstag war ich um 7:50 Uhr im Büro – überpünktlich und sehr nervös. Einige Minuten später saß ich vor dem Börsenhandelssystem XETRA und dutzenden blinkenden Bildschirmen. Der Chefhändler gab mir eine kurze Einführung. Ich nickte dabei, als ob ich ihn verstehen würde, aber er hätte genauso gut Chinesisch mit mir sprechen können. Dann läutete das Telefon direkt vor mir. Alle Händler waren bereits am Hörer, also hob ich reflexartig ab.

Ein Kunde! Was jetzt? Ich begrüßte ihn freundlich und begann zu fragen, an welchen Aktien er Interesse hatte. Gott sei Dank nannte er mir ein Unternehmen, das ich aus den Medien kannte. Ich wollte ihm den Kurs nennen und begann im Finanzinformationssystem Bloomberg herumzutippen. Bloomberg ist leider nicht wie Google. Da gab's keine Maus und keine Suchleiste, sondern man musste – zumindest damals – Tastenkombinationen verwenden, um an die benötigten Informationen zu kommen. Diese kannte ich natürlich nicht, und am Bildschirm poppten kryptische bunte Zahlen auf.

Ich musste mir schnell etwas überlegen, also begann ich dem Kunden Fragen zu stellen. Dann baute ich auf seinen Aussagen auf: „Ja, diese Entwicklung ist wirklich gut." ... „Stimmt, die News waren in letzter Zeit sehr positiv." ... „Ja, im Chart sieht man schon, dass sich ein Dreieck bildet." ... Ein Dreieck? Welches Dreieck? „Gut", meinte der Kunde nach einigen Minuten. „Ich würde gerne 50.000 Stück für meinen Fonds kaufen."

Meine erste Order! Wow! Ich wusste gar nicht, wie man einen Orderschein ausfüllt, also nahm ich einfach ein Blatt Papier und schrieb auf, was der Kunde mir diktierte. Da fiel mir auf, dass der Chefhändler und mein Chef mich die letzten paar Minuten beobachtet hatten. Ich verabschiedete mich freundlich von dem Kunden und legte auf. Stolz präsentierte ich den bekritzelten Zettel.

„Sehr gut, Larissa, deine erste Order!" Ein breites Grinsen zog sich über mein Gesicht und ich strahlte. „Und…", fuhr mein Chef fort, „...wie hieß der Kunde?"

Oh nein! Ich hatte bei all der Nervosität komplett vergessen, nach dem Namen des Kunden zu fragen. Ich lief rot an. Mein Chef sah mir den Schock im Gesicht an, lächelte nur herzlich, drückte am Telefon eine Taste, um die zuletzt eingegangene Nummer zu wählen und bestätigte die Order. Die anderen Trader amüsierten sich natürlich köstlich darüber. Als der Handelstag vorbei war, rief mich der Chefhändler in den Meetingraum. Komplett platt von der Reizüberflutung und immer noch etwas blamiert von meiner Aktion am Morgen trat ich ein. Alle waren versammelt und ein Kollege drückte mir ein Glas Sekt in die Hand. „Gratuliere zu deiner ersten Order, Larissa! Willkommen am Kapitalmarkt."

Ich liebte diesen Job. Am Anfang war die Lernkurve extrem steil und ich musste sie schnell erklimmen. Ich hatte zwar bereits mit 14 meine ersten Aktien gekauft und seitdem immer gern Bücher über das Thema Börse gelesen, aber direkt am Markt zu handeln war ein ganz anderes Kaliber. Die ersten paar Wochen waren unglaublich intensiv. Selbst als ich mich abends ins Bett legte und die Augen schloss, sah ich die bunten blinkenden Zahlen noch vor mir.

Genau dieses Phänomen führte auch zu einem sehr lustigen Moment in einer Vorlesung meines Bank- und Finanzwirtschaft-Studiums. Als wir Optionsbepreisung durchnahmen, schrieb der Professor ein Beispiel an die Tafel mit dem Preis einer Aktie, der Volatilität, dem Zinssatz und der Laufzeit einer Option. Ich passte gerade nicht auf, also sprach er mich an: „Sie sind doch auch Optionshändlerin! Wie viel schätzen Sie, würde eine Option mit diesen Parametern kosten?" Da ich den ganzen Tag über Stunden hinweg Optionspreise im Blick hatte, hatte ich ein gewisses Gefühl dafür entwickelt. „7,6", tippte ich. Der Professor berechnete dann den Optionspreis, und das Ergebnis belief sich auf exakt 7,62. Meine Studienkolleginnen drehten sich entsetzt zu mir um. Sie dachten wohl alle, ich hätte gerade die so genannte Black-Scholes-Optionspreisformel im Kopf ausgerechnet. Dabei war es nichts Weiteres als ein bisschen Gefühl, Praxiserfahrung und ein Quäntchen Glück.

DER REIZ DER BÖRSE

Von dieser Zeit an bis zum heutigen Moment durchlief ich verschiedene berufliche Stationen. Ich arbeitete als Aktien- und Optionshändlerin, zog später nach Prag und arbeitete im Währungshandel einer französischen Bankengruppe. Tschechisch zu lernen war eine ziemliche Herausforderung. Ich brauchte etwa eine Woche, um „Auf Wiedersehen" aussprechen zu können, aber ich schaffte es, im Markt Fuß zu fassen und wechselte ins Treasury eines der größten Immobilienfonds in Zentral- und Osteuropa. Das Treasury ist so etwas wie die interne Bank eines Konzerns. Es organisiert die Finanzierungen, die Geldflüsse, den Währungshandel, die Rohstoffpreisabsicherungen und die Wertpapierinvestitionen des Unternehmens. Mit 25 leitete ich das Treasury eines börsennotierten Solarenergie-Unternehmens. Die Branche boomte damals und ich fühlte mich wie ein Teil einer globalen Energierevolution. Nach einiger Zeit fiel mir eine Idee in den Schoß. Ich wollte erforschen, ob und wie sich Social-Media-Posts auf Börsenkurse auswirken. Also begann ich erneut ein Studium, widmete mich dieser Frage und entwickelte danach Algorithmen auf Basis meiner Forschungen. Diese Arbeit bescherte mir ein ziemliches Abenteuer und schickte mich auf Reisen von Los Angeles bis Tel Aviv. Ich lernte Bankdirektorinnen und sogar den Vorstand von Microsoft kennen. Die Kommerzialisierung des Projekts fiel jedoch schwieriger aus als gedacht, also orientierte ich mich neu und kam aufgrund eines glücklichen Zufalls wieder nach Wien.

Ich sammelte in all dieser Zeit viel Wissen, viel Erfahrung und vor allem viele Geschichten, an die ich gerne zurückdenke. Eines jedoch fiel mir in meiner gesamten Laufbahn immer wieder auf: Ich war oft die einzige Frau.

Auf Veranstaltungen stach ich für gewöhnlich aus der Menge heraus. Als ich einmal mein finanzmathematisches Startup präsentierte, trug ich ein zusammengeknotetes Männer-T-Shirt, weil alle Sprecherinnen das Gleiche tragen mussten, es aber einfach keine Frauengrößen gab. Als ich als Strategieentwicklerin arbeitete, war ich sogar die einzige Frau im Unternehmen und hatte meine eigene Toilette.

Ich fand es immer enorm schade, dass sich scheinbar so wenige Frauen für diese spannende Welt interessierten, in der jeden

Tag alles passieren konnte. Der Kapitalmarkt eröffnet einem eine neue Welt. Beschäftigt man sich mit Unternehmen, so liest man plötzlich Artikel über ein indisches Generika-Unternehmen, das all den gierigen Pharmariesen die Show – und den Markt – stahl, indem es HIV-Medikamente in Entwicklungsländern für 1 Dollar am Tag anbot oder von einer Herztablette, die zwar keine Herzleiden lindert, aber wegen ihrer Nebenwirkung derartig zum Verkaufsrenner wurde, dass über ihren kometenhaften Erfolg sogar ein romantischer Hollywoodfilm gedreht wurde[2].

Die Börse hat die Eigenschaft, dass sie die menschliche Psyche spiegelt: Man begegnet starken Emotionen wie Angst und Gier oder unserem Herdentrieb, der sich manchmal in bizarren Trends äußert, in denen der Großteil der Investorinnen einem Hype und gewissen Aktien verfällt, und gelegentlichen Momenten des irrationalen Überschwangs[3].

Zudem ist die Börse blind. Ihr ist egal, welche Hautfarbe du hast, wie alt du bist, welches Geschlecht du hast oder wo du geboren bist. Wenn du investierst, zählen dein Wissen, deine Leistung, dein Geschick und manchmal auch dein Glück oder Pech. Du hast die Macht darüber zu entscheiden, wie du dein Geld anlegst und kannst wählen, ob du in einen Ölkonzern investierst oder in ein Unternehmen, das eine neue Recyclingtechnologie entwickelt.

In der Vergangenheit waren immer wieder Menschen oder Unternehmen an mich herangetreten mit der Bitte, sie zum Thema Kapitalmarkt zu beraten. Gelegentlich hatte ich kleine Vorträge gehalten und das stets sehr gerne gemacht. Immer wieder hatte ich den Gedanken, Investmentseminare für Frauen zu veranstalten. Das könnte ich doch in die Tat umsetzen.

Warum eigentlich nicht?, dachte ich, als ich in meinem Büro saß. Vielleicht war genau das der goldene Gedanke? Vielleicht musste ich mich so richtig ärgern, um diese alte Idee wieder aufzugreifen? In meiner Startup-Zeit hatte ich gelernt, wie man Ideen evaluiert. Genau das konnte ich ja nun tun.

Als Mitglied des Wiener Frauennetzwerks Sorority war ich auch Teil von deren Facebookgruppe, die über 3.000 Mitglieder hatte. Ein guter Ort, um meine Idee zu testen. Also verfasste ich einen detaillierten Text mit der Frage, ob jemand in der Gruppe Interesse an einem Investmentseminar hätte. Doch im nächsten Moment machte ich einen Rückzieher und löschte den Text wieder. Wer weiß, wie die Gruppenmitglieder darauf reagieren würden?

DER ERSTE SCHRITT

Jetzt sei doch nicht so eine feige Nuss, dachte ich mir. Ich wagte also den Sprung von der Klippe, schrieb binnen zwei Minuten einen neuen Text, postete ihn auf Facebook und schloss sofort das Browserfenster, als könne ich mich dadurch vor meinem Posting verstecken.

Es dauerte ein paar Sekunden, bis sich der Adrenalinschub gelegt hatte. Stattdessen stellte sich Neugier ein. Vielleicht hatten ja wirklich vier oder fünf Personen Interesse? Ich könnte einen echt netten Workshop in meinem Wohnzimmer abhalten. Die paar Teilnehmerinnen hätten bequem auf meiner Couch Platz. Das wäre ein echt schöner Sonntagnachmittag und ich hätte viel Freude daran, mein Wissen und meine Begeisterung zu teilen.

Ich sah also zwei Minuten später auf Facebook nach. Mein Beitrag hatte einige Likes geerntet, sowie 15 Kommentare von Frauen, die Interesse hatten. 15 Kommentare in zwei Minuten! Das würde eng werden in meinem Wohnzimmer! Eine kindliche Freude stellte sich bei mir ein, als ich sah, wie im Minutentakt mehr Kommentare dazukamen.

Mittlerweile war es Zeit, das Büro zu verlassen. Ich hatte einen Abendtermin und kam spät nach Hause. Bevor ich mich ins Bett legte, wollte ich noch einmal nachsehen, wie sich mein Post entwickelt hatte. Die Spannung war groß. Schnell fand ich meinen #MaketheMarketsFemale-Beitrag wieder und konnte es kaum fassen: Binnen sechs Stunden hatten mehr als 120 Frauen kommentiert und ihr Interesse bekundet. Ich war hin und weg. Manche schrieben sogar, dass sie schon seit Langem nach einer solchen Möglichkeit gesucht hatten und auch ihre beste Freundin mitbringen würden.

Ich dachte wieder an Davids Vortrag: „Wenn du auf dem richtigen Weg bist, bekommst du ein Zeichen". Klarer konnte es kaum sein. An diesem Abend schlief ich lächelnd ein.

Sechs Wochen später fand der erste Investment-Workshop mit 70 Teilnehmerinnen für die Sorority statt. In den zwölf Monaten danach besuchten über 600 Frauen meine Workshops. Nach dem Basis-Workshop ging es mit dem Live-Trading weiter – ein Workshop, bei dem ich echtes Geld auf ein Wertpapierdepot lege und die Kursteilnehmerinnen entscheiden, wie wir es nachhaltig investieren. Sie generieren Ideen, wir finden dazu passende Wertpapiere und gehen den Analyseprozess gemeinsam durch. Zu guter Letzt platzieren wir in Echtzeit mit echtem Geld die Wertpapier-Order. Die Entwicklung dieses Depots verfolgen wir dann gemeinsam.

Doch damit nicht genug. Das Echo auf meine Workshops begann, die Presse auf den Plan zu rufen. Es folgten Radioshows, Podiumsdiskussionen und Pressetermine. Artikel über meine Arbeit und Interviews erschienen. Ich begann weitere Workshops und Online-Kurse zu Spezialthemen zu produzieren, rief gemeinsam mit der Produzentin Jeanne Drach den „Investorella"-Podcast ins Leben und startete einen YouTube-Kanal. Und ich schrieb dieses Buch.

MEIN VERSPRECHEN AN DICH

WISSEN STATT PRODUKTE

Grundsätzlich solltest du dir immer die Frage stellen: Wer steckt hinter der Information, die ich gerade bekomme? Handelt es sich um eine neutrale Information oder soll mir etwas verkauft werden? Banken, Fondsgesellschaften und Versicherungen haben teilweise grenzgeniales Marketing für ihre Produkte. Wenn wir uns an eine Bank wenden, dann wissen wir natürlich, dass es sich um keine neutrale Beratung handelt, sondern dass uns die Produkte dieser Bank angeboten werden. In anderen Fällen ist es schwerer ersichtlich.

Besonders nach der Finanzkrise im Jahr 2008 kam die Rolle von Vermögensberaterinnen und deren Neutralität vermehrt ins Gespräch. Diese bieten oft eine breite Produktpalette mehrerer Institutionen an, dennoch sind sie im Normalfall von Verkaufsprovisionen abhängig. Sie müssen Produkte verkaufen, um davon leben zu können. Dies kreiert einen Interessenkonflikt und die Frage der Neutralität steht permanent im Raum. Es gibt zwar Vermögensberater, die ihre Leistungen auf Honorar- statt Provisionsbasis anbieten und keine spezifischen Produkte verkaufen. Sie stellen jedoch die Minderheit dar.

Hinzu kommt bei Banken, Versicherungen und Vermögensberatern das Thema der Informationsgefälle. Im Regelfall wissen diese Anbieter weit mehr über das Produkt als die Kunden. Diese haben also einen Informationsnachteil, der manchmal auch zu einem gravierenden finanziellen Nachteil werden kann.

Um diese Lücke zu schließen, kamen zahlreiche Blogs, Bücher und Kurse auf den Markt. Das ist logisch, eine gut gebildete Kundin kann bessere finanzielle Entscheidungen treffen. Doch Vorsicht! Hinter manchen Blogs stecken eigentlich Finanzinstitutionen. Manche Vorträge – besonders Veranstaltungen, die gratis sind – sind dazu da, um Kundinnen nachher zu Institutionen wie

Banken und Versicherungen zu vermitteln. So manche Gratisberatung entpuppt sich schnell als Verkaufsgespräch. Mit der steigenden Popularität des Influencer Marketings lassen sich auch einige Podcaster und YouTuber von Banken und Versicherungen sponsern.

Mein erstes Versprechen an dich lautet daher: Neutralität. Ich promote keine Bank oder Versicherung. Hinter mir steht keine Institution. Auch für meine Podcasts akzeptiere ich keine Sponsoren aus der Finanzindustrie, damit meine Neutralität stets gewahrt bleibt.

GUT GEMEINT UND DOCH DANEBEN

Wenn wir schon bei Blogs, Podcasts oder YouTube sind. Natürlich gibt es viele wirklich neutrale Anbieter, die es mit der Verbreitung von Finanzwissen ernst meinen. Einigen folge ich gerne, doch manchmal höre ich Dinge, bei denen es mir die Haare aufstellt.

Die Menschen, die Tipps und Strategien verbreiten, meinen es im Normalfall gut. Leider wissen sie es oft nicht besser bzw. haben sie es verabsäumt, ihre Aussagen auf Korrektheit zu überprüfen. Dies kann weitreichende Konsequenzen haben. Nimmt man z. B. etwas, das man in einem Blog liest oder auf YouTube sieht, als gegeben hin, das nicht überprüft wurde, so kann es passieren, dass man suboptimal investiert oder sich schlimmstenfalls – im wahrsten Sinne des Wortes – ungeahnten Risiken aussetzt.

Auch unter Influencern gibt es Qualitätsunterschiede. Manche sprechen von ihren eigenen Erfahrungen und leiten davon Tipps und Strategien ab. Diese können bei anderen Menschen funktionieren, das ist jedoch nicht zwangsläufig so. Manche lesen ein paar Bücher und übernehmen die Thesen daraus ungeprüft. So machen Falschinformationen die Runde. Dann wieder werden zwar qualitativ hochwertige Informationen weitergegeben, jedoch nicht vollständig, sodass etwas Wichtiges fehlt. Meist ist dies der Risikohinweis.

Nun, woher weißt du, welche Information gut oder schlecht ist? Wem kannst du überhaupt vertrauen? Es gibt ein Kriterium, das du als Maßstab anlegen kannst, um die Qualität einer Information zu messen: Wissenschaftlichkeit. Zum Glück gibt es Ökonominnen, finanzmathematische Forscherinnen und Produkttesterinnen, die den ganzen Tag nichts anderes tun, als die Finanzwelt zu erforschen und Studien darüber zu verfassen. Diese Art von Information wirst du in diesem Buch finden.

Mein zweites Versprechen an dich lautet: Wissenschaftlichkeit. Beim Lesen wirst du immer wieder Fußnoten entdecken. Sie führen über Links zu Studien, damit du weißt, woher die Aussagen kommen. Mir ist es wichtig, dir Informationen zu geben, die dem aktuellen Stand der Wissenschaft entsprechen.

ZUM THEMA „GUT GEMEINT UND DOCH DANEBEN"
Manchmal liegen auch Expertinnen daneben. Ein berühmtes Beispiel dafür ist David Elias' Buch „Dow 40.000"[4]. Nachdem im Jahr 1995 der US-Leitindex Dow Jones Industrial Index – einer der wichtigsten Aktienindizes der USA – 4.000 Punkte erreichte und im Jahre 1999 die 10.000er-Marke knackte, war der Autor im Sommer 1999 in seinem Buch davon überzeugt, dass der Dow Jones Index im Jahre 2016 bei 40.000 Punkten stehen würde. Tatsächlich schloss der DJI am 31.12.2016 bei 19.762,60 Punkten[5]. Knapp daneben. Elias war damit jedoch nicht allein. Andere Autoren schrieben zur selben Zeit Bücher wie „Dow 36.000"[6] oder „Dow 100.000"[7].

GUTES GELD UND GUT FÜR DIE WELT

Menschenrechtsverletzungen, Klimawandel, Plastik in den Meeren: Unser Weltwirtschaftskreislauf hat aktuell einige Probleme, die man als Investorin verständlicherweise bekämpfen will und keinesfalls verschärfen.

„Wenn ich am Kapitalmarkt investiere, befeuere ich dann nicht ein ausbeuterisches System?" Das ist eine Frage, die mir in Workshops immer wieder gestellt wird.
Die Antwort ist einfach: Du kannst es dir aussuchen. Du kannst in ein Öl- und Gas-Unternehmen investieren oder die Aktien eines Unternehmens kaufen, das pflanzlichen Fleischersatz herstellt. Du hast die Wahl zwischen einem Rüstungs- oder einem Recycling-Konzern. Wie du dich entscheidest, liegt an dir.

Damit dir die Entscheidung leichter fällt und du bei jedem Investment erkennen kannst, ob es sich nun um ein nachhaltiges Investment handelt oder nicht, **lautet mein drittes Versprechen an dich: Nachhaltigkeit.**

Dieses Buch enthält einige Informationen darüber, wie und wo du diese Daten findest (s. S. 75, 78, 126ff.), damit du eine informierte Entscheidung treffen kannst, die deinen Werten entspricht.

Ist nachhaltig gleich nachteilig?

„In nachhaltige Unternehmen und Fonds zu investieren und damit Gutes zu tun ist ja nett, aber ich will Geld verdienen!"

Der Glaubenssatz, dass nachhaltige Investments eine geringere Rendite aufweisen, wurde mittlerweile wissenschaftlich widerlegt. Eine Studie[8] fand heraus, dass Unternehmen, die nachhaltig wirtschaften, auf lange Sicht eine bessere Rendite aufweisen.

Eine weitere Studie[9] zeigte auf, dass nachhaltige Unternehmen geringere Finanzierungskosten haben, was ihnen natürlich einen Marktvorteil verschafft. Gutes Tun und gutes Geld damit verdienen stehen also nicht im Widerspruch – im Gegenteil.

KLISCHEE ADÉ

Die Shopping Queen mit hunderten Paaren Schuhen, die einem pinken Paar Manolo Blahniks einfach nicht widerstehen kann; das unterwürfige Hausmütterchen, das sich von ihrem Mann herumkommandieren lässt oder die hochgebildete, aber schüchterne Absolventin, die sich partout nicht traut, eine Gehaltserhöhung zu verhandeln: Wenn es um die Finanzen von Frauen geht, greifen nicht nur die Medien, sondern auch seriös wirkende Finanzratgeber immer wieder auf Klischees zurück.

Anstatt Frauen als logisch denkende Wesen respektvoll weiterzubilden, werden diese in pinke Schubladen gesteckt, die dem Niveau eines Blondinenwitzes entsprechen. Solche Klischees sind unwissenschaftlich, beleidigend und nicht zielführend. Der Fachbegriff dafür lautet Bullshit.

Mein letztes Versprechen an dich: Dieses Buch ist mit Liebe & Respekt gemacht.
Deswegen wird es zur klischeefreien Zone erklärt. Wenn du hier liest: „Frauen sind X", dann ausschließlich in Bezug auf Statistiken und wissenschaftliche Untersuchungen, die sich mit den Finanzen von Frauen beschäftigt haben.
Klischees wie „Frauen können nicht mit Zahlen umgehen!", „Frauen geben das Geld ihrer Männer aus!" oder „Frauen sind zu emotional für finanzielle Entscheidungen!" stehen uns nur im Weg – also weg damit.

So, nun kennst du meinen Ansatz. Also lass uns loslegen!

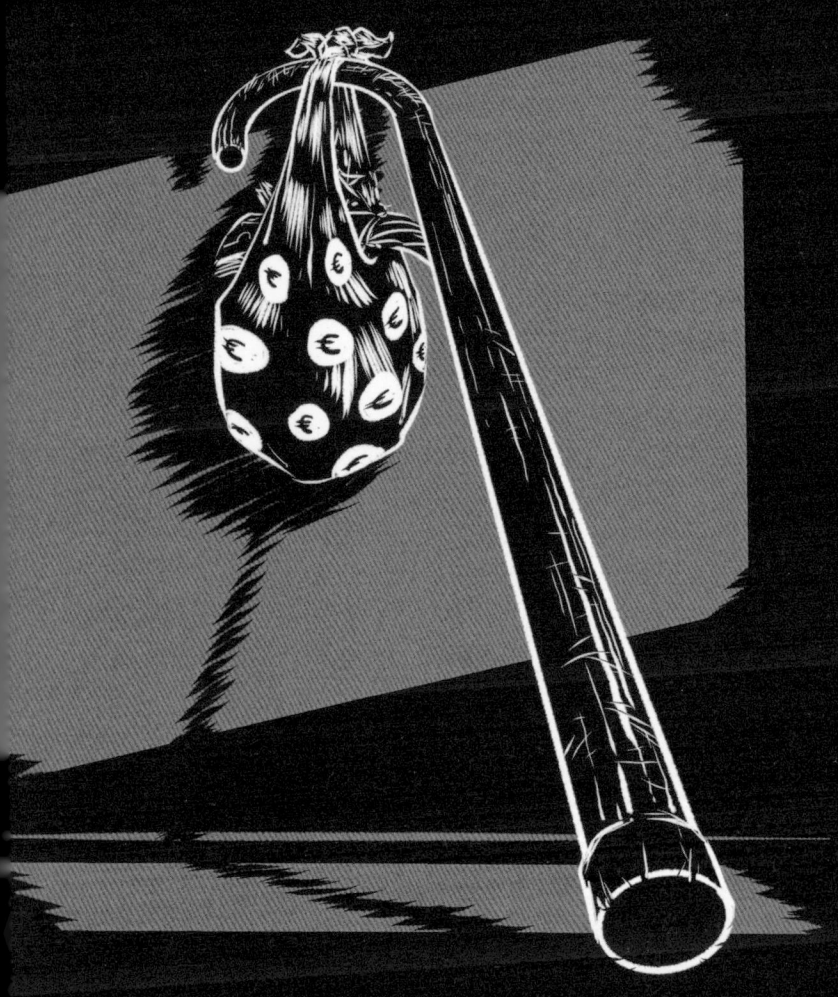

DIE NACKTEN FAKTEN

*In diesem Kapitel sehen wir uns das Thema Rentensys-
teme und staatliche Altersvorsorge an. Halte dich bereit,
denn hier werden wir nicht nur einige Überraschungen
erleben, sondern auch ein paar Mythen demystifizieren.
Beginnen wir mit dem unheimlichsten von allen, dem ...*

SCHRECKGESPENST ALTERSARMUT

Ich gratuliere dir zu dem Mut, dich diesem Gespenst zu stellen! Wenn du dich mit diesem wichtigen Thema schon einmal
beschäftigt hast, bist du nicht allein. Laut einer Forsa-Umfrage
in Deutschland aus dem Februar 2019[10] haben sich bereits 68 %
der Befragten mit dem Thema Altersvorsorge intensiv auseinan-
dergesetzt. Überraschung: Es gibt so gut wie keinen Unterschied
zwischen Männern und Frauen, was deren Informationsstand
angeht.

Immer wieder kursiert das Klischee, Frauen würden im Alter auf
ihren Ehemann als Vorsorge setzen. Stimmt das? 73 % der befragten Frauen gaben an, bereits für ihr Alter finanziell vorzusorgen.
Bei den Männern sind es 76 %, also kaum mehr. Auf die Frage, wie
wichtig ihnen finanzielle Unabhängigkeit im Alter ist, antworte-
ten 89 % der Männer sowie 86 % der Frauen mit „wichtig" oder
„sehr wichtig".

Frauen sind also definitiv keine Dummerchen, denen man
erklären muss, dass sie doch bitte endlich selbst vorsorgen sollen. Ihnen ist sehr wohl bewusst, dass der geschlechtsspezifische
Unterschied in Einkommen und Vermögen später zu einem Unterschied in der Höhe der Rente führen wird. In der Befragung
gaben nur 51 % der Frauen an, dass sie davon ausgehen, im Alter weitgehend finanziell unabhängig zu sein, während 70 % der

Männer sich dessen sicher waren. Frauen glauben auch zu einem höheren Prozentsatz, sich im Alter stark finanziell einschränken zu müssen.

Wie sieht es mit den Menschen aus, die noch keine private Altersvorsorge haben? Auch hier gibt es bei den angegebenen Gründen kaum Unterschiede zwischen Männern und Frauen. Bei beiden Geschlechtern sind es entweder zu wenig Geld oder zu wenig Wissen.

FAKTENCHECK FÜR ZUKÜNFTIGE GOLDEN GIRLS

Sehen wir uns als nächstes die Daten und Fakten zu den Renten- und Pensionssystemen an. Dann können wir besser beurteilen, ob es an der Tagesordnung ist, uns zurückzulehnen oder in Panik zu verfallen.

Die Medien und die Politik tun das nämlich abwechselnd und manchmal gleichzeitig. Einerseits liest man Horrormeldungen über Frauen, die unter Altersarmut leiden und noch als 70-Jährige auf Jobbing angewiesen sind, andererseits sind die Aussagen der Politikerinnen oft überraschend beruhigend.

Beim Lesen von Darstellungen in Politik und Medien sollte man sich immer fragen, wer tatsächlich hinter welcher Information steht und was deren jeweilige Agenda ist. Medien setzen gerne auf den Schockeffekt, um unsere Aufmerksamkeit zu erhaschen. Think Tanks und NGOs haben oft einen politischen Hintergrund. Die Banken- und Versicherungslobby hat hier ebenfalls die Hände im Spiel. Hat man die Zeit, so lohnt es sich, die Publikationen beider Seiten zu lesen und genau auf die Punkte zu achten, in denen sie sich widersprechen.

Doch bevor wir in die Materie eintauchen, machen wir eine kurze Reise in die Vergangenheit und sehen uns an, wo Rentensysteme eigentlich herkommen. Unsere Pensionssysteme sind nämlich nicht vom Himmel gefallen und auch gar nicht einmal so alt. Es ist wichtig zu verstehen, wie unsere Rentensysteme entstanden sind, um nachvollziehen zu können, warum die Systeme so gestaltet wurden, wie sie heute sind, woher die aktuellen Probleme kommen und wie wir uns dagegen wappnen können.

Bye, bye Bismarck!

Begonnen hat alles vor circa 130 Jahren mit dem sogenannten „Bismarckschen System". Unter dem damaligen Kaiser wurde in Deutschland im Jahr 1891 eine gesetzliche Rente für Arbeiterinnen eingeführt. Sie wurde durch einen kleinen Beitrag, der zu jeweils einem Drittel aus Arbeitnehmer-, Arbeitgeberbeiträgen und Steuern kam, finanziert. Das Rentenantrittsalter betrug 70 Jahre. Ein stolzes Alter, wenn man bedenkt, dass die Lebenserwartung damals im Schnitt bei nur knapp über 40 Jahren lag[11.] Diese staatliche Rentenversicherung – sofern man das Glück hatte, sie zu erleben – diente jedoch nicht der Sicherung des Lebensstandards, sondern eher als kleines Zubrot. In der Schweiz entstand im Jahr 1889 ein ähnliches System und in Österreich im Jahr 1906.

Am Anfang bauten diese Rentenversicherungen Ersparnisse aus den eingenommenen Beiträgen auf (man nennt dies einen Kapitalstock), aus denen die Renten gezahlt wurden. Dieser wurde jedoch einerseits durch die Hyperinflation nach dem Ersten Weltkrieg aufgefressen und zur Zeit des Zweiten Weltkriegs für die Rüstung zweckentfremdet. Anscheinend hatte man solche Szenarien bei der Konzeption der ersten Generation der Rentensysteme nicht bedacht. So entstand nach dem Zweiten Weltkrieg im deutschsprachigen Raum eine andere Form des staatlichen Rentensystems: das Umlagesystem. Dieses haben wir heute noch.

Von einer Tasche in die andere

Es ist wichtig, das Umlagesystem zu verstehen. Es funktioniert im Prinzip so, dass arbeitende Personen und deren Arbeitgeber jeden Monat Sozialversicherungsbeiträge abliefern. Dieses Geld wird zeitgleich an Rentnerinnen ausgezahlt. Da die einbezahlten Sozialversicherungsbeträge für die Deckung aller Pensionen nicht ausreichen, legt der Staat aus dem generellen Steuertopf noch die Differenz drauf. Das Geld, das erwerbstätige Personen in die staatliche Rentenversicherung einzahlen, wird also nicht, wie manche vielleicht glauben, aufgehoben, gespart oder investiert. Es wird eingenommen und sofort wieder ausgezahlt.

Oft wird in diesem Zusammenhang auch der „Generationenvertrag" erwähnt, da im Umlagesystem die jeweils arbeitende Generation für die pensionierte Elterngeneration aufkommt.

Als das Umlagesystem eingeführt wurde, sah man es als Vorteil, keinen Kapitalstock aufbauen zu müssen und die Renten an die Bruttolöhne koppeln zu können. Jedoch gab es seitdem einige Entwicklungen, mit denen man nicht gerechnet hatte. Diese belasten das Umlagesystem heutzutage.

Im 20. Jahrhundert stieg die Lebenserwartung dank der modernen Medizin und besseren Lebensbedingungen stetig an. Gleichzeitig sank die Fertilitätsrate. Den Menschen ging es immer besser, sie lebten länger, zeugten aber gleichzeitig immer weniger Kinder. Die Alterspyramide der Bevölkerung, die ihrem Namen nach früher wirklich eine Pyramide war, glich plötzlich eher einem Tannenbaum und wird in Zukunft wohl eher einem Pilz ähneln. Hier als Beispiel die vergangene und prognostizierte Bevölkerungsstruktur für Deutschland:

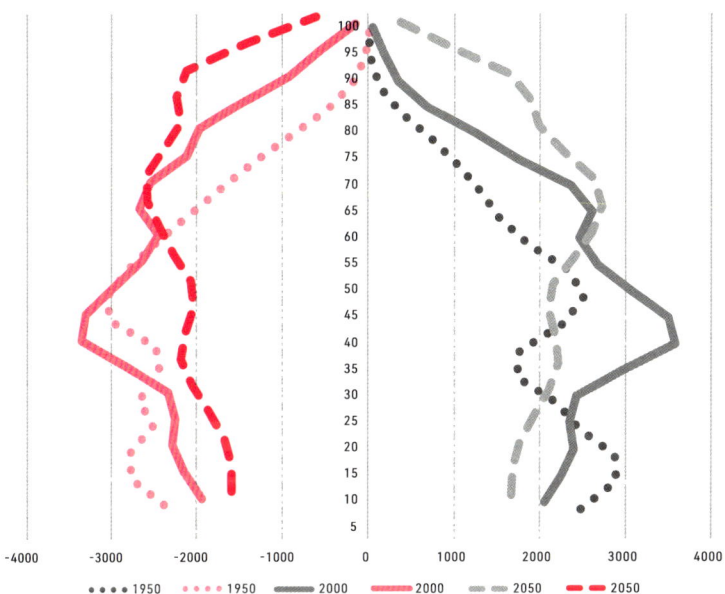

Quelle: Statistisches Bundesamt (Destatis), 2019

Zu Zeiten der Einführung des Umlagesystems gab es viele junge Erwerbstätige und wenige Rentnerinnen, die relativ kurz in Rente waren. Zudem wuchs die Wirtschaft schnell und die Löhne stiegen stetig.

Dies änderte sich jedoch zur Jahrtausendwende hin. Es gab immer weniger Erwerbstätige, denen eine stetig wachsende Zahl an Rentnerinnen mit hoher Lebenserwartung gegenüberstand. Dazu kamen ein geringeres Wirtschafts- und Lohnwachstum sowie Faktoren wie prekäre oder irreguläre Arbeitsverhältnisse. Dies bringt aktuell den Generationenvertrag mehr und mehr ins Wanken. Hierzu ein paar interessante Zahlen:

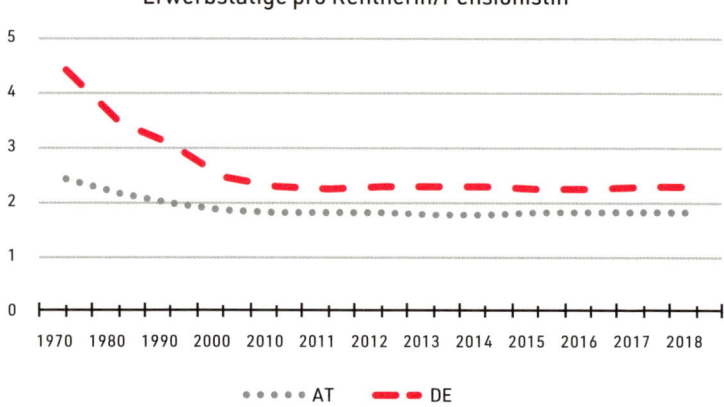

Quellen: WIFO[12], Statistik Austria[13], Statistisches Bundesamt[14], Deutsche Rentenversicherung[15]

Die Grafik zeigt, wie sich das Verhältnis von Erwerbstätigen zu Pensionistinnen seit 1970 entwickelt hat. Der Trend zeigt klar, dass durchschnittlich immer weniger Erwerbstätige für eine Rentnerin aufkommen. In Österreich liegt dieses Verhältnis bereits unter 2. Eine wichtige Rolle spielt hier die hohe Lebenserwartung. Während eine Frau in Deutschland im Jahr 1966 durchschnittlich 11,9 Jahre[16] in Rente war, hat sich die Rentenbezugsdauer im Jahr 2018 auf 21,8 Jahre erhöht.

Man muss keine Wirtschafts-Nobelpreisträgerin sein, um anhand dieser Zahlen abzuleiten, dass es irgendwann eng wird. Es gibt einige Schrauben, an denen man drehen kann: mehr Kinder, mehr

Migration, ein höheres Pensionsalter, geringere Renten, höhere Sozialversicherungsbeiträge, höhere Steuern, zusätzliche Renten neben dem Umlagesystem.

An einigen dieser Schrauben hat die Politik in der Vergangenheit bereits mittels Reformen gedreht. So entstanden gesetzliche Rahmen für zusätzliche Formen der Rente, wie die betriebliche Pension oder die steuerbegünstigte private Altersvorsorge. Das Drei-Säulen-Modell der Rente, das neben der staatlichen Rente noch betriebliche Renten und private Vorsorge umfasst, wurde zum Standard. Dennoch stellt das Umlagesystem für den Großteil der Menschen das Herzstück der Pension dar. Sehen wir uns also an, wie es mit dem Umlagesystem aktuell aussieht und was die Prognosen besagen.

Wie viel werde ich eines Tages vom Staat bekommen?

Die aktuellen Durchschnittsrenten bzw. Pensionen betragen in Deutschland 1.219 Euro[17], in Österreich 1.175 Euro[18]. Wenn wir uns diese Zahlen genauer ansehen, so begegnet uns ein anderes hässliches Gespenst: der Gender Pension Gap. Auf Männer und Frauen angewendet betragen die Durchschnittsrenten nämlich:

	Österreich	Deutschland
Gesamt	1175	1219
Männer	1534	1362
Frauen	947	991
Unterschied	38,27 %	27,24 %

Die Tabelle zeigt, dass Frauen im Schnitt 27 bis 38 % weniger Pension bekommen. Ein harter Schlag. Es ist somit kein Wunder, dass Frauen doppelt so oft von Altersarmut betroffen sind wie Männer. Grund für diesen Unterschied sind vor allem Kinderbetreuungszeiten sowie ein geringeres Erwerbseinkommen.

Nun, wie sieht es mit den Prognosen aus? Hierzu errechnen die Staaten sowie Eurostat periodisch die wichtigsten Kennzahlen zu zukünftigen Pensionen. Generell kann man sagen, dass die Renten in Zukunft fallen werden. Zieht man die prognostizierten Senkungen von den heutigen Werten ab, so bleibt nicht viel. Sehen wir uns die genauen Zahlen an.

Die aktuellen Prognosen

Die Eurostat und die EU-Staaten berechnen folgende Schlüsselwerte:

Jahr	2016	2020	2030	2040	2050	2060	2070
Bevölkerung in Mio.							
DE	82.454	83.838	84.618	84.077	82.596	80.742	79.223
AT	8.729	9.043	9.703	10.101	10.249	10.228	10.168
Erwerbstätige pro Rentnerin							
DE	1,83	1,77	1,47	1,33	1,29	1,23	1,20
AT	1,80	1,78	1,60	1,46	1,38	1,30	1,25
Pensionsausgaben in % des BIP							
DE	10,1	10,3	11,5	12	12,2	12,5	12,5
AT	13,4	13,5	14,1	14,5	14,2	14,3	13,9
Benefit Ratio/ Leistungsverhältnis							
DE	42 %	42 %	40 %	38 %	37 %	36 %	36 %
AT	54 %	54 %	52 %	50 %	47 %	45 %	42 %
Replacement Rate/Ersatzrate							
DE	40 %	40 %	38 %	36 %	35 %	35 %	34 %
AT	44 %	43 %	52 %	48 %	46 %	44 %	42 %

Quellen: Austrian Country Fiche on Public Pensions[19], Pension Projections Exercise 2018 Country Fiche Germany[20]

Diese Tabelle zeigt die Prognosen für Deutschland und Österreich, die für die Alterssicherungs-Arbeitsgruppe der EU erstellt wurden. Hier wurden Prognosen bis ins Jahr 2070 errechnet. Diese zeigen, dass sich das Verhältnis von Erwerbstätigen zu Rentnerinnen wahrscheinlich kontinuierlich verschlechtern wird. In Deutschland wird der Bund mit der Zeit auch einen höheren Anteil des Budgets für Renten ausgeben müssen. In Österreich wird dies ungefähr gleichbleiben.

Besonders interessant sind das Benefit Ratio und die Replacement Rate. Das Benefit Ratio zeigt die Höhe der Rentenleistung im Vergleich zum Durchschnittsgehalt der arbeitenden Bevölkerung. Liegt das Durchschnittsgehalt bei 1.800 Euro und meine Rente bei 900 Euro, so genieße ich ein Benefit Ratio von 50 %. Die Replacement Rate, zu Deutsch Ersatzquote, zeigt an, wie hoch meine Rente im Vergleich zum durchschnittlichen Arbeitseinkommen der Menschen ist, die kurz vor der Rente stehen. Liegt das Durchschnittsgehalt der 64-Jährigen bei 2.100 Euro, so hätte ich bei einer 40 %igen Ersatzrate eine Rente von 840 Euro.

Beide Werte fallen laut Prognosen, was bedeutet, dass Pensionistinnen in Zukunft im Vergleich zur arbeitenden Bevölkerung prozentual wohl weniger bekommen werden.

Sieht man sich diese Zahlen an, so werden zwei Dinge deutlich: Einerseits ist nicht Hopfen und Malz verloren. Schwarzmalerinnen, die meinen, das Rentensystem werde komplett zusammenbrechen und für die aktuell arbeitende Generation werde es gar keine staatliche Pension mehr geben, haben also nicht recht. Andererseits zeigen diese Zahlen auch, dass die Renten in Zukunft voraussichtlich nicht dafür reichen werden, das Erwerbseinkommen zu ersetzen und den Lebensstandard zu sichern, sondern dass die staatliche Pension eher eine knapp bemessene Basisversorgung darstellen wird, die die nötigsten Lebenskosten abdeckt.

Frauen haben also recht damit, wenn sie meinen, sich im Alter wohl stark finanziell einschränken zu müssen.

WO STEHST DU RENTEN-TECHNISCH?

Wie sieht es aktuell mit deinem persönlichen staatlichen Renten- bzw. Pensionsanspruch aus? Das weißt du nicht? Kein Problem, das lässt sich nämlich relativ einfach online oder per Post erfragen. So geht's:

In Deutschland
Unter **https://www.deutsche-rentenversicherung.de/** kannst du mit einem Personalausweis oder per elektronischer Signaturkarte die Renteninformation abfragen. Alternativ geht das auch per Post. Auf der Website befindet sich ebenfalls ein Rentenrechner.

In Österreich
Auf **https://www.neuespensionskonto.at/** kannst du mit einer Handy-Signatur oder einem Finanz-Online-Zugang das Pensionskonto und den aktuellen Pensionswert überprüfen. Alternativ geht das per Post. Weiter geht es dann unter **https://www.pensionskontorechner.at**, wo man auf Basis des aktuellen Pensionswerts die prognostizierte Pensionshöhe berechnen kann.

In der Schweiz
Unter **https://www.ahv-iv.ch/** kannst du mittels Versiche-rungsnummer den Auszug des individuellen Rentenkontos bestellen. Die Website verfügt ebenfalls über einen Online-Rechner, um die zukünftige Rente abzuschätzen.

Das Schreckgespenst Altersarmut hat nun ein Zahlenskelett bekommen. Somit ist daraus ein bezifferbares und greifbares Risiko geworden. Ein Weg, dieses Risiko zu minimieren und die Pensionslücke zu füllen ist mittels privater Vorsorge und Investitionen. Für das Thema Investment legen wir im nächsten Kapitel den Grundstein.

DIE WICHTIGSTEN LERNZIELE!

1. Unsere Bevölkerungsstruktur verändert sich. Dies übt Druck auf unsere Rentensysteme aus.
2. Der Pensionsunterschied zwischen Männern und Frauen beträgt aktuell zwischen 27 % und 38 %. Frauen haben aufgrund der geringeren Renten ein höheres Armutsrisiko.
3. Geht man von den aktuellsten Prognosen aus, so ist es wahrscheinlich, dass die Renten in Zukunft geringer ausfallen werden.

KOHLE FÜRS PORTFOLIO

Vielleicht denkst du: „Ich habe doch kaum Geld zu inves-tieren!" und weißt daher nicht, wo du anfangen sollst. Genau dafür ist dieses Kapitel da. Hier wirst du ein paar Hacks lernen, mit denen du deine Finanzen auf Vorder-frau bringst, ohne dir selbst den Spaß am Leben zu ver-derben. Mit dieser Methode kannst du Monat für Monat Geld für deine ersten Investitionen bereitstellen und die innere Schweinehündin austricksen, die nur allzu gerne an deinem Vermögen nascht.

Möglicherweise bist du auch in einer anderen Situation oder genau der gegenteiligen. Vielleicht hast du bereits ein großes Sparkonto und eine signifikante Summe an Geld, die du nun investieren möchtest – sei es, weil du gerade ein Unternehmen verkauft, einen riesigen Bonus bekommen oder geerbt hast. Wenn das so ist, dann kannst du von diesem Kapitel ebenfalls immens profitieren. Eventuell denkst du: „Naja, ich habe genug Geld, da kann ich dieses Kapitel getrost überspringen." Stopp! Viel Geld ist kein Garant für Wohlstand!

Was? Ja, das stimmt. Dies wissen wir u.a. aus Studien über Lotto-Gewinnerinnen, die nach kürzester Zeit wieder pleite, oder noch schlimmer, sogar verschuldet sind.[21] Gerade Menschen, die unvorbereitet viel Geld bekommen, haben manchmal mehr Probleme nach als vor ihrem Geldsegen.

Gutverdienern geht es manchmal auch nicht anders. Eine US-Studie[22] hat gezeigt, dass 25 % der Familien, die pro Jahr über ein Einkommen von mehr als 150.000 Dollar verfügen, oft von einer Gehaltszahlung zur nächsten leben und es nicht schaffen, Geld für ihre Altersvorsorge beiseite zu legen. Die genauen Gründe hierfür sind nicht erforscht, doch es liegt nahe, dass das Finanzmanagement dieser Familien Verbesserungspotenzial birgt.

DEINE JÄHRLICHE WIRTSCHAFTSPRÜFUNG

Springen wir nun ins kalte Wasser: Es ist Zeit, dein finanzielles Ich besser kennenzulernen. Deine persönlichen Finanzen sind, wie der Name schon sagt, persönlich und somit für jede Person anders. Wenn du bis jetzt noch nie über das Thema gesprochen oder zumindest nachgedacht hast, bist du damit nicht allein. Laut einer Emnid/Postbank-Umfrage ist nämlich das Thema Geld für 64 % der Befragten ein absolutes Tabu.[23]

Damit du zumindest ein offenes Selbstgespräch führen kannst – egal, wieviel du besitzt oder verdienst –, empfiehlt sich eine Wirtschafts-Selbstprüfung, um dein eigenes Finanzprofil genau kennenzulernen.

So wird's gemacht

Du brauchst:

- deinen Computer
- eine Flasche Wein oder alternativ eine Kanne Kamillentee

DATENSAMMLUNG

- Liste alle deine Konten, Kreditkarten und Wertpapier- depots auf.
- Exportiere von jedem Konto die gesamten Transakti- onsdaten der vergangenen zwölf Monate und fasse sie in einem Tabellenprogramm (wie Excel oder Google Sheets) zusammen. Die meisten Banken erlauben einen .csv-Datenexport, somit ist es einfach, die Daten in ein Tabellenprogramm zu spielen. Wenn dir die technische Umsetzung schwerfällt, dann hol dir Unterstützung von einer Freundin, die so etwas kann.

KATEGORISIERUNG

- Trenne die Einnahmen und Ausgaben.
- Kategorisiere sie.
- Achte bei den Einnahmen besonders auf Kategorien wie
  - reguläre Einnahmen aus deiner Erwerbstätigkeit (z. B. Gehalt, Honorare oder staatliche Leistungen),
  - Boni,
  - Geschenke,
  - andere irreguläre Einnahmen wie Rückzahlungen, Versicherungsleistungen, Verkäufe, Steuerrückzahlungen,
  - Einnahmen aus Kapitalvermögen, wie Mieten, Dividenden oder Zinsen.

Die Welt der Ausgaben ist weitaus komplexer. Hier empfiehlt es sich, die Ausgaben zuerst nach Vertragspartner bzw. Lieferant zusammenzufassen und sie erst dann Kategorien wie Wohnen, Transport, Einkäufe, Kreditrückzahlungen, Kinder, Restaurants, Unterhaltung, Sport, Gesundheit und vielen weiteren zuzuordnen.

Nachdem du das getan hast und dir klar wird, wieviel Geld du im letzten Jahr ausgegeben hast, wirst du vielleicht nach einem Glas Wein oder Kamillentee greifen wollen.

Verschiedene Studien zeigen, dass Menschen dazu tendieren, ihre Kosten zu unterschätzen[24] und ihre Einkommensleistung zu überschätzen[25]. Die genaue Aufstellung deiner Einnahmen und Ausgaben gibt dir ein klares Bild darüber, wo du stehst und vor allem darüber, wo deine finanziellen Schwachpunkte liegen. Im Regelfall wird dir bei dieser Prüfung auffallen, dass du in einigen Fällen unnötigerweise Geld ausgegeben hast, vielleicht sogar hunderte oder tausende Euro. Genau in diesen Bereichen kannst du den Rotstift ansetzen, um zukünftig Monat für Monat Kapital für deine Investments bereitzustellen.

DIE GRÖßTEN AUSGABEN-FALLEN

Sehen wir uns einmal anhand der gängigsten Geldgräber dein Sparpotenzial an:

GELDFRESSER AUTO

Laut der aktuellsten Konsumumfrage[26] der Statistik Austria ist das Auto der zweitgrößte Ausgabenposten für Haushalte (in denen durchschnittlich 2,23 Personen wohnen). 402 Euro pro Monat geben sie im Schnitt dafür aus, knapp 14 % der Gesamtausgaben. Interessant dabei ist, dass die Ausgaben für den öffentlichen Verkehr mit 23,10 Euro drastisch darunter liegen. Sieht man sich die österreichischen Zahlen für Single-Haushalte an, so wird das Klischee bestätigt, dass teure Autos eher ein Männerspielzeug sind. Sie geben laut Konsumerhebung[27] mit 312,60 Euro pro Monat mehr als doppelt so viel für ihr Auto aus als Frauen.

Wer also die Möglichkeit hat, sein Auto gegen Bus, Zug, U-Bahn oder Fahrgemeinschaft zu tauschen, kann einen großen Kostenposten reduzieren.

KILLER KONSUM

Konsum kann töten, im wahrsten Sinne des Wortes. Österreichische Singles geben z.B. 49,50 Euro pro Monat für Alkohol und Tabakwaren aus, pro Haushalt sind es 67,70 Euro pro Monat[28]. Nicht gerade gesund, weder für die Lunge noch die Geldbörse.

Was den weiteren diskretionären Konsum, also den Konsum über die Fixkosten hinaus, angeht, so bestätigt sich das Klischee, dass Frauen eher auf ihr Äußeres achten als Männer. Deutsche Haushalte geben doppelt so viel für weibliche Kleidung aus[29]. Im Jahr 2017 wurde für Herrenbekleidung 24 Euro und für Damenbekleidung 47 Euro pro Monat aufgewandt (dieses Verhältnis ist über die Jahre hinweg konstant). Diese Angewohnheit beginnt leider schon sehr früh. Eine Umfrage von Münze Österreich und der Universität Wien[30], in der Teenager nach ihrem Taschengeld und ihren Ausgaben befragt wurden, zeigt, dass die Top-Kategorien, für die die Kids ihr Geld ausgeben, bei den Mädchen Kleidung, Geschenke, etwas für das Zimmer und Körperpflege sind; bei Buben sind es Videospiele, technische Geräte oder Sportartikel.

Nicht nur unter dem finanziellen, sondern vor allem auch unter dem ökologischen Aspekt solltest du deinen Konsum hinterfragen. Die Modeindustrie, vor allem die als Fast Fashion bekannte, preisgünstige und schnelllebige Saisonkleidung, verursacht mittlerweile enorme Umweltverschmutzung[31]. Von den arbeitsrechtlichen Bedingungen der meist weiblichen Arbeiterinnen gar nicht zu sprechen. Die Doku „The True Cost"[32] veranschaulicht dies auf erschreckende Weise und animiert dich vielleicht dazu, lieber nachhaltig zu investieren als zerstörerisch zu konsumieren.

ABOS ADÉ

Im Zuge deiner persönlichen Finanzprüfung solltest du auch Abos genauer unter die Lupe nehmen. Welche davon nutzt du wirklich und welche kannst du kündigen?

Zu Abonnements und Nutzungsverhalten gibt es im deutschsprachigen Raum wenig Information. Ein großes US-Finanzportal[33] hat eines der am weitesten verbreiteten Abos untersucht: die Mitgliedschaft in einem Fitnessstudio. Während mehr als die Hälfte der US-Amerikanerinnen eine Mitgliedschaft besitzt, geht nur die Hälfte davon wirklich regulär ins Fitnesscenter. 43,8 % gaben an, weniger als zweimal pro Woche zu gehen und 6,3 % besuchen das Studio gar nicht, obwohl sie für ein Abo bezahlen. Hier wird scheinbar eher das schlechte Gewissen beruhigt als der Körper bewegt.

SCHULDEN? WEG DAMIT!

Hast du aktuell Schulden, die du zurückzahlst? 32,8 % der Deutschen und 20,6 % der Österreicherinnen haben unbesicherte Kredite, also Konsumkredite[34], die im Schnitt 9.459 Euro (DE) und 11.106 Euro (AT) betragen. Die Haushalte zahlen monatlich für diese Kredite 215 bzw. 201 Euro.

Zahlst du diese Kredite zurück – und machst keine neuen Schulden – wird dadurch signifikantes Investitionskapital frei.

Ein Schuldentrick: Solltest du mehrere Konsumkredite mit verschiedenen Zinssätzen haben, kann es vorteilhaft sein, diese zusammenzufassen und durch einen einzelnen Kredit mit einem günstigeren Zinssatz zu refinanzieren.

Aber Vorsicht: Nicht nur der Zinssatz ist hier relevant. Sieh dir auch die damit verbundenen Gebühren genau an (Banken sind per Gesetz verpflichtet, diese offenzulegen) und rechne dir aus, ob es damit immer noch günstiger ist. Gerade bei kleineren Beträgen können die Gebühren schwer ins Gewicht fallen.

SCHULDEN LOSWERDEN: ZINS-METHODE ODER SCHULDEN-SCHNEEBALL?

Wenn du unbesicherte Kredite oder Konsumschulden hast und gerne loswerden möchtest, gibt es zwei gängige Methoden. Die Zins-Methode ist die finanzmathematisch logische Herangehensweise. Hierbei zahlst du zuerst den Kredit ab, der den höchsten Zinssatz hat, da dieser dich am meisten belastet.

Dann gibt es auch die in den USA beliebte Schulden-Schneeball-Methode. Hierbei listest du – ohne Berücksichtigung der Zinsen – die Kredite vom kleinsten zum größten auf, zahlst bei allen Krediten nur die minimale Rate und fokussierst dich darauf, zuerst den kleinsten abzubezahlen, dann den zweitkleinsten usw. Laut amerikanischer Finanzblogs hat das einen motivierenden Effekt und man wird die Schulden schneller los.

HAST DU DEINE STEUERERKLÄRUNG GEMACHT?

Wie sieht es damit aus? Für Selbstständige ist sie Pflicht, aber auch Angestellte können enorm davon profitieren. Nachdem du deine persönliche Wirtschaftsprüfung erledigt hast, fallen dir vielleicht einige Dinge auf, die du steuerlich geltend machen kannst. Das können Posten wie Fachliteratur oder eine Weiterbildung sein. Hast du deinen Gewerkschaftsbeitrag schon steuerlich geltend gemacht? Vielleicht hattest du Sonderausgaben? Nach der persönlichen Finanzprüfung ist der ideale Moment, um deine Steuererklärung zu machen, wenn das nicht schon geschehen ist.

Das ist doch sehr kompliziert, oder? Die Finanzbehörden publizieren Anleitungen zum Ausfüllen der Steuer. Es zahlt sich wirklich aus, sich die Zeit dafür zu nehmen. Außerdem verfügen die Finanzämter über Hotlines, die dafür bereitstehen, deine Fragen zum Steuerrecht zu beantworten.

WAS BRINGT MIR DIESE PERSÖNLICHE FINANZ-PRÜFUNG?

Das ist für jede verschieden. Es kann sein, dass du bereits sehr sparsam bist und wenige Punkte findest, bei denen du zuviel Geld ausgegeben hast. Es kann jedoch auch sein, dass du plötzlich Ausgaben entdeckst, die dir überhaupt nicht bewusst waren. Oft sind das alte Abos von Diensten, die du gar nicht mehr nutzt. Vielleicht fällt dir auch auf, dass du viel mehr Kleidung kaufst als nötig oder sehr oft Essen bestellst. Vielleicht siehst du, dass deine Kreditraten einen Großteil deines Einkommens fressen und willst dich darauf fokussieren, das zu ändern.

Eines wird dir die persönliche Finanzprüfung sehr wahrscheinlich bringen – mehr Bewusstsein darüber, was mit deinem Geld passiert.

In meinem persönlichen Fall brachte diese Prüfung einige Einsparungen. Während ich mich nach der Analyse eines Jahres immens über unnötige Ausgaben ärgerte, so hatte ich es im Jahr darauf geschafft, 90 % weniger für „unnötige" Dinge auszugeben. Die Ersparnis betrug mehrere tausend Euro.

INVESTORELLAS LIEBSTE SPAR-HACKS

Es gibt hunderte Blogs und YouTube-Videos zum Thema Sparen. Auch darüber könnte man ein ganzes Buch schreiben. Hier eine kleine Auswahl meiner Lieblings-Hacks:

Refinanziere deine Hypothek

Hier geht es um echtes Geld. Hat man eine laufende Hypothek, so sollte man sich in Zeiten fallender Zinsen auf jeden Fall die Möglichkeit einer Refinanzierung ansehen. Auch wenn der Zinsunterschied nur gering ist, kann man auf lange Sicht enorme Summen Geld sparen. Die Refinanzierung beginnt meist damit, dass man den aktuellen Zinssatz aus dem laufenden Hypothekenvertrag mit dem Marktzinssatz vergleicht. Sind die Marktzinsen aktuell spürbar tiefer, so kann man sich – z. B. über ein Vergleichsportal – verschiedene Refinanzierungsangebote einholen. Diese Angebote werden mit dem existierenden Vertrag verglichen. Wenn sich hier eine große Ersparnis ergibt, zahlt es sich aus zu refinanzieren. Die damit verbundenen Gebühren sollten auf jeden Fall erfragt werden, insofern sie nicht schon im Angebot stehen. Die Abwicklung wird im Normalfall von den Anbietern selbst erledigt.

Ein kleines Beispiel: Gehen wir von einer bestehenden Hypothek von 90.000 Euro und einem Zinssatz von 2 % (Fixzinssatz) und einer Rückzahlungsperiode von 20 Jahren aus. Schaffst du es, durch eine Refinanzierung deinen Zinssatz von 2 % auf 1 % zu senken, so sparst du über den Zeitraum fast 10.000 Euro.

Ausstehende Summe (€)	-90.000			
Rückzahlungszeitraum (Jahre)	20			
Zinssätze (% p.a.)		2 %	1,50 %	1 %
Monatliche Zahlung (€)		455,30	434,29	413,90
Gesamte Rückzahlung (€)		109.270,80	104.229,81	99.337,17
Ersparnis (€)			5.040,99	9.933,63

Teile deine Abos

Ein Abo mag ja „nur" 10 Euro kosten, aber sehr oft hat man mehrere – und das läppert sich. Dies hast du vielleicht auch bei deiner persönlichen Finanzprüfung entdeckt. Wenn du unnötige Abos gekündigt hast, zahlt es sich aus nachzusehen, ob du die Abos, die du gerne behalten willst, nicht auch mit anderen Leuten teilen kannst. Viele Streaming-Dienste oder Medien bieten Familienabos oder mehrere Zugänge für verschiedene Nutzer.

Tauschen statt Kaufen

Ja, Frauen shoppen scheinbar lieber Kleidung als Männer. Wenn du Lust auf ein neues Outfit hast, aber dafür kein Geld ausgeben möchtest, ist es Zeit für eine Kleidertauschparty. Die machen Spaß, und wenn man bedenkt, dass eine Normalbürgerin 40 % ihrer Kleidung nur selten oder gar nicht verwendet[36], so finden sich in den Schränken deiner Freundinnen wahrscheinlich auch einige neuwertige Schätze. Deine Freundinnen kleiden sich alle wie Vogelscheuchen? Keine Sorge. Sieht man auf Facebook nach, so findet man zahlreiche Kleidertausch-Events.

Setze dir ein Limit

Setze dir ein Limit plus Bedenkzeit für Käufe ab z.B. 50 Euro oder 2,5 % deines Nettogehalts. Welcher Betrag der richtige ist, entscheidest du am besten anhand deines Einkommens. Wenn der potenzielle Einkauf über deinem Limit liegt, verpflichte dich zu einer 24-stündigen Bedenkzeit. Du kannst auch eine zweite – höhere – Grenze einführen (z.B. mehr als 25 % deines Nettogehalts) und dir dafür eine Woche Bedenkzeit nehmen. Diese Bedenkzeit gibt dir zudem auch die Möglichkeit, Angebote zu vergleichen. Aus eigener Erfahrung kann ich sagen, dass man nach der Bedenkzeit manchmal sogar vergisst, was man eigentlich kaufen wollte.

Dein Co-Working-Space für 15 Euro pro Jahr

Dies ist einer meiner liebsten Finanz-Hacks überhaupt, auf den ich durch Zufall gekommen bin. Viele selbstständige Einzelunternehmerinnen arbeiten in Co-Working-Spaces. In Städten wie Berlin, Hamburg oder München können diese oftmals 220 bis 424 Euro pro Monat kosten[37]. Das summiert sich auf 2.640 bis 5.088 Euro pro Jahr. Eine heftige Summe. Das kann es doch nicht geben, dass man das auch für 15 Euro pro Jahr – nicht pro Monat – haben kann, oder? Im Zuge der Recherchen für dieses Buch sowie für meinen Investorella-Podcast, die Workshops und das Online-Training bestellte ich dutzende Finanz- und Wirtschaftsbücher. Ich kaufte jeweils die Second-Hand-Versionen, oft im Zustand „gebraucht-akzeptabel", denn ein paar Eselsohren oder Wasserflecken stören mich ja nicht. Trotzdem merkte ich schnell, dass das ins Geld gehen würde, denn gerade wissenschaftliche Bücher sind teuer. Ich besorgte mir also einen Ausweis für die Universitätsbibliothek Wien – Kostenpunkt für Nicht-Studierende: 15 Euro pro Jahr.

Diese hat nicht nur Bücher, sondern auch Arbeitsplätze. Die sind dazu noch sehr ruhig, und günstige Cafes gibt es auch. Wenn du telefonieren musst, dann gehst du eben nach draußen oder in einen Nebenraum, aber das ist im Co-Working-Space nicht anders. Gerade fürs konzentrierte Arbeiten fand ich die Bibliothek ideal und ich spare mir 1.785 Euro pro Jahr.

Das funktioniert nicht nur in Wien. Der Bibliotheksausweis der Uni Hamburg kostet beispielsweise 20 Euro pro Jahr. Die Bibliothek der Humboldt Universität in Berlin ist sogar kostenlos. Ein Ausweis der bayerischen Staatsbibliothek, mit dem du zur Bibliothek der LMU München Zugang erhältst, ist ebenfalls kostenlos.

Mach deine Bücher zu Geld

Wenn wir schon bei Büchern sind. Auf Plattformen wie Momox und Re-Buy kann jede ihre alten Bücher verkaufen. Der Vorgang ist einfach. Du scannst mit der App den Strichcode oder gibst die ISBN-Nummer ein und bekommst ein Angebot. Die Preise auf den beiden Plattformen unterscheiden sich manchmal signifikant, also zahlt es sich aus, immer bei beiden nachzusehen. Alte Videospiele, CDs, DVDs und sogar Handys kannst du dort auch verkaufen.

Augen weit auf beim Immobilienkauf

Laut einer Umfrage der Bankengruppe ING[38], die in vielen Ländern der Welt getätigt wird, stellt sich heraus, dass Eigenheimkäuferinnen oft nicht genau auf die potenziellen Kosten einer Immobilie schauen. Nur die Hälfte fragt nach den Energiekosten und Energiesparmaßnahmen, und nur 42 % fragen nach kürzlich getätigten Renovierungen.

In den Medien liest man manchmal von der „Schuldenfalle Eigenheim". Hierbei handelt es sich jedoch um eine Minderheit. Ökonomische Studien bestätigen dies nicht. Die österreichische Nationalbank hat berechnet, dass österreichische Haushalte ihre Immobilien bei Kreditaufnahme zu 60,6 % beleihen[39]. Sie wenden also knapp 40 % Eigenkapital auf. 15,5 % der Haushalte haben einen Eigenheimkredit, der im Schnitt 88.987 Euro beträgt. In Deutschland haben 16,5 % einen Eigenheimkredit, der im Schnitt 97.511 Euro beträgt[40].

Obwohl aus dieser Studie hervorgeht, dass das Eigenheim kein großer Risikofaktor ist, solltest du beim Immobilienkauf – besonders, wenn es sich um ein Eigenheim handelt, das du mit einem Partner oder einer Partnerin kaufst und ganz besonders, wenn du selbst baust – sehr genau auf die zusätzlichen Kosten achten, damit es nicht zu dem wird, was in Österreich liebevoll „Scheidungsbunker" genannt wird.

Notwendigkeiten prüfen

Überlege dreimal, ob du z.B. ein Auto wirklich brauchst. Wie vorher bereits beschrieben, frisst ein Auto nicht nur viel Benzin, sondern auch Geld. In vielen Großstädten kannst du auf Car Sharing für Gelegenheitsfahrten zurückgreifen. Für die 402 Euro, die ein Haushalt fürs Auto im Schnitt ausgibt, kannst du sehr weit mit einem Carsharing-Auto fahren.

VOLLER KÜBEL STATT VERSTAUBTES BUDGET: DAS BUCKET-SYSTEM

Budgetieren nach Monat und nach Woche, Finanzjournale schreiben, ein Haushaltsbuch führen, Ausgaben notieren: Das macht manchen Leuten Spaß, den meisten aber nicht. Aus dem deutschsprachigen Raum gibt es kaum Forschung dazu. Das amerikanische Umfrageinstitut Gallup hat herausgefunden, dass nur 32 % der Amerikaner überhaupt ein Haushaltsbudget machen[41]. Zur Einhaltungsquote gibt es keine verlässlichen Zahlen. Aus der Forschung wissen wir lediglich, dass wir nicht besonders geschickt darin sind, unsere tatsächlichen Ausgaben einzuschätzen[42]. Es ist nicht bekannt, welche gedanklichen Methoden Menschen anwenden, um zu evaluieren, ob sie sich etwas leisten können oder nicht. Wir wissen auch, dass wir uns enorm gerne selbst betrügen, wenn es um unsere mentale Buchhaltung geht.[43]

Scheinbar laufen unsere Überlegungen dazu, ob wir uns etwas leisten können, auch anders ab, je nachdem, welches Zahlungsmittel wir verwenden. Studien haben immer wieder gezeigt, dass wir bei bargeldlosem Zahlen mehr ausgeben[44].

Was also tun? Betrachtet man das Verhalten laut Studien, in denen bargeldloses Zahlen untersucht wurde, dann liegt der Schluss nahe, dass uns physische Limitierungen wie Bargeld oder getrennte Konten und Karten sparsamer machen. Genau das macht sich das Bucket-System zu Nutze.

Das Bucket-System hat seinen Ursprung in den USA und wird manchmal auch das „Umschlagsystem" genannt. Wie funktioniert es? Sobald man Geld erhält, egal, ob als Gehalt, Honorarnote oder Geschenk, teilt man es physisch in verschiedene Kategorien, also im übertragenen Sinn Kübel oder Eimer auf. Jene, die lieber Bargeld verwenden, teilen es in verschiedene Briefumschläge auf.

Die gängigste Version hat fünf Kübel, Eimer bzw. Umschläge:
- Fixkosten
- Ausgaben
- Schulden
- Sparen & Investment
- Spaß

In den **Fixkosten** befinden sich Posten wie z. B. die Miete oder eine Hypothek, Energie, Versicherungen, Unterhaltszahlungen oder der Internetanschluss.

In die zweite Kategorie kommen alle **Ausgaben** wie Nahrungsmittel, Transportkosten, Abos und ähnliche variable, aber notwendige Ausgaben.

Die dritte Kategorie ist dazu da, um alle **Schuldenrückzahlungen** (abgesehen von der Hypothek) abzudecken.

Der vierten Kategorie, **Sparen & Investment,** widmen wir uns in den weiteren Kapiteln dieses Buches ausführlich.

Die letzte Kategorie lautet **Spaß.** In diese Kategorie kommen alle nicht lebensnotwendigen Ausgaben, die uns Freude bereiten.

Wichtig ist es, das Geld physisch zu trennen; entweder mit Briefumschlägen oder mit Unterkonten mit verschiedenen zugewiesenen Karten. Es gibt heutzutage einige Banken, die das kostengünstig und App-basiert ermöglichen.

Nach deiner persönlichen Finanzprüfung kennst du die Höhe deiner Fixkosten und kannst einen Betrag dafür bestimmen. Nun kommt es zur physischen Trennung:

Da **Fixkosten** oft über Bankeinzüge oder automatische Zahlungen getätigt werden, empfiehlt es sich, hierfür ein Unterkonto anzulegen, das Monat für Monat mit der Höhe der Fixkosten dotiert wird.

Die variablen monatlichen **Ausgaben** kennst du nach deiner Finanzprüfung auch und kannst sie dem zweiten Konto zuordnen. Dieses Konto braucht normalerweise eine Karte, um die Zahlungen im Supermarkt oder an der Tankstelle zu ermöglichen.

Das Gleiche gilt für Konto Nummer drei, den **Schuldendienst.** Im Normalfall sind deine monatlichen Zahlungen fix, du kannst also Konto Nummer drei entsprechend dotieren. Um die Schulden schneller zu reduzieren, ist es empfehlenswert, noch zusätzlich Geld auf dieses Konto zu überweisen und damit vorzeitige Rückzahlungen zu tätigen. Im Glücksfall bist du schuldenfrei und brauchst dieses Konto gar nicht.

Auf das Konto Nummer vier überweist du die Summe, die du gerne Monat für Monat **sparen und investieren** möchtest.

Das fünfte Konto, mit dem du auch eine Karte verbinden solltest, ist das **Spaß-Konto.** Da kommt alles hinein, was dir Freude bereitet. Das sind Ausgaben wie ein Restaurantbesuch, eine Massage, ein Friseurtermin, Kinotickets, dein nächster Urlaub, ein tolles Buch, neue Schuhe, Bungee-Jumping, Sportgeräte, ein neues Videospiel – was immer dir Freude bereitet. Entscheide dich Monat für Monat, wie viel du dafür aufwenden willst und kannst.

GIBT ES SO ETWAS WIE DAS „MONEY MINDSET"?

Viele Bücher, Blogs oder Workshops versprechen, dir das richtige Mindset beizubringen, das du brauchst, damit dir das Geld nur so zufließt. Wozu also all diese Analysen und das Kübelsystem?

In der Wissenschaft ist bis dato Folgendes bekannt: Positives Denken, das z. B. durch Meditation gefördert wird, führt zu positiven Gefühlen. Die wiederum korrelieren mit einem höheren Einkommen[45][46]. Es gibt also durchaus eine Indikation für ein gutes Money Mindset.

Gleichzeitig ignorieren viele der esoterischen Werke, die sich ausschließlich auf das Money Mindest beziehen, andere Faktoren, die bei unseren Finanzen eine Rolle spielen. Nicht alle von uns haben den gleichen Bildungsgrad, manche erben und andere nicht, Privilegien und Diskriminierung spielen ebenfalls eine Rolle. Es macht also Sinn, gleichzeitig zu meditieren und zu investieren.

Spaß muss sein

Warum ist das Spaß-Konto so wichtig? Es enthält deinen diskretionären Konsum. Der Konsum ist bei manchen Menschen der Grund, warum sie gar nicht oder nur wenig investieren. Ob das bei dir der Fall ist, weißt du bereits aus deiner persönlichen Finanzprüfung. Das Praktische am Konsum ist, dass du ihn variieren kannst. Das Unpraktische daran ist, dass er sehr verlockend ist. Die Welt der schönen Dinge oder Erlebnisse, die wir kaufen können, ist schier endlos und wird mit genialen psychologischen Tricks beworben.

Wenn du dich schon am Anfang des Monats dafür entscheidest, wie viel du konsumieren möchtest, so hast du mit dem Spaß-Konto immer eine direkte Referenz für die Leistbarkeit.

Hier ein paar Beispiele aus dem Leben:
Du siehst in deinem Supermarkt, dass dein Lieblingswein im Zuge einer Aktion von 15 auf 12 Euro reduziert wurde und überlegst, eine Kiste mitzunehmen (72 Euro). In Relation zu deinem Gehalt von 2.500 Euro sind die 72 Euro wenig, aber dann siehst du, dass du auf deinem Spaß-Konto nur mehr 200 Euro für diesen Monat hast. Willst du wirklich mehr als ein Drittel deines Spaß-Budgets für den Wein ausgeben?

Du bist müde und hast Hunger. Am liebsten würdest du nach der Arbeit ein Taxi nehmen, dich auf die Couch legen und eine Pizza bestellen. Die Fahrtkosten veranschlagt die App mit 15 Euro, die Pizza plus Tiramisu kostet laut Lieferapp 18 Euro und es kommen noch 2,50 Euro Lieferkosten hinzu. Anstatt das wie früher automatisch von deiner Kreditkarte abbuchen zu lassen, schaust du kurz auf dein Spaß-Konto. Du hast noch 400 Euro, weil sich von den Monaten zuvor etwas angesammelt hat. Der bequeme Abend würde dich 35,50 Euro kosten. Das sind weniger als 10 % deines Spaß-Budget, aber du willst in ein paar Tagen den Flug für deinen nächsten Urlaub buchen. Du entscheidest dich also, mit der U-Bahn nach Hause zu fahren und kaufst am Weg eine Pizzateigrolle, die du selbst belegst. Kostenpunkt 4 Euro, die du von deinem Ausgaben-Konto abbuchst, da es sich um einen normalen Supermarkteinkauf handelt.

Deine beste Freundin hat Geburtstag. Du möchtest sie in ein Restaurant einladen und rechnest damit, dass der Restaurantbesuch

80 Euro kosten wird. Auf deinem Spaß-Konto liegen 250 Euro und du erwartest deinen nächsten Gehaltseingang in ein paar Tagen. Einen Urlaub hast du in den nächsten paar Monaten nicht geplant – also gönn dir den Spaß!

Das Konto deiner Zukunft

Kommen wir nun zum Konto Nummer vier zurück – Sparen & Investment. Warum beides? Laut der internationalen Umfrage der ING haben 27 %[47] der Menschen in Österreich gar keine Ersparnisse. In Deutschland sind es 29 %[48]. Wenn du zu dieser Kategorie gehörst, macht es Sinn, ein gewisses Niveau an Ersparnissen aufzubauen, bevor du mit dem Investieren beginnst, damit dich unerwartete Ausgaben nicht aus der Bahn werfen. Hast du Investments, aber daneben gar keine Ersparnisse, so müsstest du diese Investments im Falle einer unerwarteten Ausgabe wieder verkaufen, was zusätzliche Gebühren auslöst und vielleicht zu einem suboptimalen Zeitpunkt passiert.

Dein „Notfallfonds" beträgt idealerweise sechs Monate deiner Basis-Lebenskosten (also die Kategorien Fixkosten, Ausgaben und Schulden). Bevor du mit dem Investieren am Kapitalmarkt beginnst, solltest du dir zumindest einen Notfallfonds von drei Monaten ansparen, mit dem Ziel, ihn Schritt für Schritt auf sechs Monate aufzufüllen. Wenn du bei drei Monaten bist, kannst du 50 % des Geldes, das du in die Kategorie Sparen & Investment gegeben hast, dem Notfallsfonds zuführen und 50 % deinem Depot.

WARUM NICHT MEHR ALS SECHS MONATE?
Sechs Monate sind üblicherweise genug Zeit, um sich beruflich neu zu orientieren, sollte das nach einem Jobverlust nötig sein. Im Jahr 2019 brauchten Menschen in Österreich durchschnittlich 3,8 Monate[49], um einen neuen Job zu finden. In dieser Zeit kann der Notfallsfonds die Differenz von Ausgaben und etwaigem Arbeitslosengeld decken. Das Gleiche gilt für Neuorientierungen nach Schicksalsschlägen wie z. B. Trennungen, die oft ebenfalls mit Kosten verbunden sind (Umzug, Anmieten einer neuen Wohnung).
Ziel ist es, mit Investitionen höhere Renditen zu erzielen als Spareinlagen bei Banken bieten. Daher sind größere Summen, die über dieses Sechs-Monats-Polster hinausgehen, im Depot im Normalfall besser aufgehoben.

Variationen des Bucket-Systems

Wem das System mit fünf Konten zu kompliziert oder zu simpel ist, findet hier Variationsmöglichkeiten:

NUR BARES IST WAHRES
Bargeld-Anhängerinnen können die Kübel Fixkosten, Schuldendienst und Sparen & Investment in einem Konto zusammenfassen und automatisch durch Bankeinzüge bezahlen. Den Rest

zahlen sie sich in bar aus und teilen das Bargeld in die Kategorien Ausgaben und Spaß.

WENIGER KONTEN – ABER GLEICH VIELE KATEGORIEN

Ähnliches kann man auch mit zwei Konten machen, indem man von Konto eins die Kategorien Fixkosten, Schulden sowie Sparen & Investment automatisch abbucht. Das verbliebene Geld bleibt einerseits für Ausgaben und ein Teil wird auf das Spaßkonto überweisen. Man kann dies auch mit drei Konten machen. Manche teilen ihr Konto z.B. auch in großen und kleinen Spaß. „Große Späße" sind Dinge wie Reisen oder teure Anschaffungen.

Warum das Bucket-System funktioniert? Das erklärt uns die Verhaltens- und Finanzwissenschaftlerin Wendy de la Rosa eindrucksvoll in einem TED Talk[50], in dem sie ihre Studien der letzten Jahre präsentiert.

Sie hat herausgefunden, dass Menschen mit kleinen Einheiten besser wirtschaften können. Testpersonen, deren Gehalt viermal pro Monat 250 Dollar betrug, konnten mehr sparen als diejenigen, die einmal pro Monat 1.000 Dollar erhielten. Das Spar- & Investment-Konto gleich am Anfang des Monats zu dotieren und das idealerweise zu automatisieren, hilft uns ebenfalls, mehr zu sparen. Wir tendieren nämlich dazu, unser zukünftiges Selbst zu idealisieren und zu glauben, dass wir irgendwann in Zukunft mehr sparen werden. De la Rosa spricht ebenfalls das Problem des Konsums an und dass die meisten Leute kleine häufige Ausgaben bereuen. Auch sie selbst hat ihre Kreditkarte gegen ein „Spaß-Konto" getauscht, um ihre Kosten in den Griff zu bekommen.

DER GEHEIME KÜBEL: SPENDEN

Die großen Weltreligionen schreiben es uns vor: Wir sollten einen Teil unseres Einkommens an bedürftige Menschen spenden. In spirituellen Kreisen hört man gelegentlich, dass Spenden der Schlüssel zum Reichtum ist, da einem das Universum das Geld, das man gespendet hat, um ein Vielfaches zurückschickt. Zahlt es sich also aus, dafür einen extra Bucket einzurichten? Ja!

Was? Ich soll Geld weggeben, um mehr davon zu bekommen? Das macht doch keinen Sinn. Das dachte ich auch circa zehn Jahre lang, bevor ich begann, aus spirituellen Gründen Monat für Monat zu spenden und die Erfahrung machte, dass mein Einkommen dadurch kontinuierlich stieg. Nun gut, das ist meine persönliche Erfahrung, aber was sagt die Wissenschaft dazu?

Spenden macht glücklich. Es löst neurologische Belohnungsmechanismen aus[51], und wir wissen ebenfalls aus der Forschung, dass es uns glücklich macht, Geld für andere auszugeben[52][53]. Aber macht uns das auch wirklich reicher? Jetzt wird es spannend, denn das wurde sogar bereits erforscht. In der Social Capital Community Benchmark Survey[54], die von Harvard-Wissenschaftlerinnen entwickelt wurde, versuchte man genau diese Frage zu beantworten und verglich Familien, die statistisch gesehen identisch bis auf ein Merkmal waren – die einen Familien spendeten pro Jahr im Schnitt 100 Dollar mehr als die anderen. Was kam dabei heraus? Die Familien, die mehr spendeten, verdienten – entgegen den statistischen Erwartungen – 375 Dollar pro Jahr mehr.

WENN DAS BUCKET-SYSTEM NICHT HILFT

„Ich habe schlichtweg kein Geld zur Verfügung, da kann auch das Bucket-System nichts ausrichten. Ich verdiene einfach zu wenig. Was kann ich tun?"

Wenn du wirklich kaum diskretionären Konsum hast, also so gut wie keine Spaß-Ausgaben, und somit auch nicht die Möglichkeit, Geld zur Kategorie Sparen & Investment hinzuzufügen, dann kann das verschiedene Gründe haben.
Sollte es an hohen Schulden liegen, die einen Großteil deines Einkommens beanspruchen (>40 %), dann solltest du dich auf

Nun hast du deine persönlichen Finanzen analysiert, dir ein Bucket-System eingerichtet und somit Investmentkapital bereitgestellt. Bevor du mit dem Investment beginnst, brauchst du jedoch noch ein paar Werkzeuge. Die sehen wir uns im nächsten Kapitel an.

DIE WICHTIGSTEN LERNZIELE!

1. Finde heraus, wo du stehst, indem du dich einer persönlichen Finanzprüfung unterziehst.

2. Du kannst einiges an Geld sparen, wenn du Ausgaben wie Transport, Abos oder Konsum überdenkst. Zudem kannst du einige Spar-Hacks anwenden und z. B. deine Hypothek refinanzieren, Tauschen statt Kaufen oder deine Bücher zu Geld machen.

3. Unser Gehirn ist nicht auf Sparkurs programmiert. Du kannst dir Abhilfe schaffen, indem du dein Geld auf Buckets aufteilst. Somit hast du deine Ausgaben besser im Griff und kannst schneller sparen und investieren.

DIE BÖRSEN-
BABE-BASICS

In diesem Kapitel lernst du, wie du dir die Grundausstattung zulegst, um am Wertpapierhandel teilnehmen zu können. Außerdem teile ich meine Leseliste mit dir sowie die besten Börsenfilme und Dokus, damit sich deine Motivation kaum bändigen lässt!

DEPOT – WIE, WAS UND WO?

Um Wertpapiere handeln zu können, benötigst du als erstes ein Depot, denn deine Aktien, Anleihen und ETFs müssen ja auch irgendwo „herumliegen". Das Depot ist im Prinzip ein Wertpapierkonto, das entweder bei einer regulären Geschäftsbank oder einem Online-Broker, also einer Wertpapierhandelsbank, geführt wird.

Sehen wir uns den Unterschied zwischen den beiden Optionen an. Depots bei Banken sind in der Regel teurer, dafür hat man das Filialnetz für ein persönliches Gespräch zur Verfügung. Online-Broker sind in der Regel günstiger, dafür verfügen sie über kein Filialnetz und der Kundenservice geschieht via E-Mail und Telefon.

Ein Vorteil der Online-Broker ist, dass manche von ihnen keine oder nur eine vergleichsweise geringe laufende Depotgebühr verlangen und oft auch günstigere Handelsgebühren als Banken. Unter den Online-Brokern selbst gibt es meist nur wenige Unterschiede, aber da dieser Markt hart umkämpft ist, gibt es immer wieder gute Aktionen für Neukundinnen.

Wenn du „Brokervergleich" googlest[55], stößt du sofort auf dutzende Vergleichsseiten und kannst dir dort ansehen, welche Leistungen geboten werden und die Gebühren vergleichen. Nicht alle Broker und Banken bieten den Handel aller Wertpapierarten an. Bei manchen ist es z.B. nicht möglich, Anleihen zu handeln, andere wiederum bieten nicht die Möglichkeit, Wertpapier-Sparpläne einzurichten. Je nachdem, welche Art von Investments du planst, solltest du dir deinen Depotanbieter aussuchen. Die Websites der Depotanbieter, also der Banken und Online-Broker, haben meistens genaue Auflistungen der handelbaren Wertpapiere sowie der Börsen, an denen du über sie handeln kannst. Wenn das nach der Betrachtung der Website immer noch nicht klar ist, dann wende dich an den Kundenservice deines Anbieters.

Sich einen Broker auszusuchen ist ein bisschen wie Dating. Jede hat da etwas andere Kriterien und es gibt für jede den Traumpartner. Also Ladies, willkommen beim Broker-Tinder! Löchre deinen potenziellen Marktpartner beim ersten Date mit den folgenden Fragen:

Meint er es ernst?

Ist der Broker ausreichend reguliert und somit seriös? Finanzinstitute brauchen Lizenzen. Es handelt sich um eine sehr streng regulierte Industrie. Ein Blick in das Impressum des Anbieters ist hilfreich, besonders, wenn man von dem Anbieter noch nie zuvor gehört hat. Dort steht für gewöhnlich die Art der Lizenz des Unternehmens (Bankgeschäfte, Anlageberatung, Wertpapiervermittlung etc.). Werde ich dort nicht fündig, kann ich einen Blick in die Datenbanken der Finanzmarktaufsichten werfen. Das ist die FMA[56] in Österreich, die BaFin[57] in Deutschland und die FINMA[58] in der Schweiz.

Nachbarsjunge oder in die Ferne schweifen?

Handelt es sich um einen in- oder ausländischen Broker? Dies ist besonders hinsichtlich der steuerlichen Abwicklung wichtig. Ausländische Online-Broker locken oft mit günstigen Gebühren.

Der Haken dabei ist jedoch, dass die steuerliche Abwicklung bei einem ausländischen Institut komplizierter sein kann. In einem solchen Fall kann es sein, dass automatisch Steuern im Land des Brokers abgezogen werden, die man sich als Privatinvestorin zurückholen muss, um später im eigenen Heimatland Steuern zu zahlen. Gerade für Anfängerinnen ist es daher empfehlenswert, einen inländischen Anbieter zu wählen.

Bietet er mir, was ich suche?

Kann ich die Wertpapiere handeln, die ich gerne handeln möchte? Dies ist ein wichtiges Entscheidungskriterium. Bevor du dich für einen Depotanbieter entscheidest, solltest du unbedingt herausfinden, ob du dort alle Wertpapierarten handeln kannst, die dir vorschweben. Die meisten Banken und Online-Broker haben auf ihren Webseiten detaillierte Auflistungen der handelbaren Wertpapiere und Börsenplätze.

Ist er der sparsame Typ?

Wie sieht es mit Sparplänen aus? Eine Möglichkeit automatisiert in ETFs zu investieren (siehe Kapitel siehe Kapitel 9, S. 168) sind Sparpläne. Interessiere ich mich dafür, so sollte ich sicher gehen, dass meine Depotbank oder mein Broker auch Sparpläne anbietet.

Will er gleich ein Commitment von mir?

Gibt es eine laufende Depotgebühr und wenn ja, wie hoch ist diese? Es gibt manche Online-Broker, die keine oder nur eine sehr geringe Depotgebühr verlangen. Manche Anbieter verlangen eine pauschale, periodische Depotgebühr, z.B. 5 Euro pro Monat, andere verlangen eine Gebühr je nach der Anzahl der verschiedenen Wertpapierpositionen, z.B. 5 Euro pro Jahr pro Wertpapierposition, wiederum andere verlangen einen Prozentsatz des Depotbetrags, z.B. 0,1 % pro Jahr.

Je nachdem, wieviel du voraussichtlich handelst, kannst du die Gebühr abschätzen. Zwei Beispiele: Wenn du ca. 5.000 Euro pro Jahr in maximal zwei Wertpapiere investieren möchtest, so zahlst du im ersten Fall 60 Euro Depotgebühr pro Jahr, im zweiten Fall 10 Euro und im dritten Fall 5 Euro.

Wenn du aber ein Depot über 500.000 Euro hast und dein Investment über 100 verschiedene Wertpapiere streuen willst, zahlst du im ersten Fall auch 60 Euro pro Jahr, im zweiten Fall 500 Euro und im dritten Fall ebenfalls 500 Euro.

Welche Gebührenstruktur am besten ist, kommt also auf meine Pläne als Investorin an.

Nur der kleine Finger oder gleich die ganze Hand?

Wie hoch sind die Handelsgebühren? Gibt es Flat-Fees, wird eine prozentuale Gebühr berechnet oder eine Kombination von beidem? Manche Depotanbieter verrechnen eine pauschale Gebühr für die Ausführung von Wertpapieraufträgen (also Käufen und Verkäufen, auch genannt Orders), andere verlangen einen Basisbetrag und einen Prozentsatz des Auftragsvolumens. Auch hier kommt es darauf an, mit welchen Beträgen ich handle.

Ist er fesch, niedlich oder schirch[59]?

Gefällt mir das Interface, finde ich die Trading-Plattform praktisch und Userinnen-freundlich? Dies mag oberflächlich klingen, ist jedoch in der alltäglichen Anwendung ein wichtiger Punkt. Manche Handelsplattformen sind sehr komplex und können Anfängerinnen überfordern.

Kann er zuhören?

Wie ist der Kundenservice? Dies ist besonders für Anfängerinnen ein wichtiger Punkt. Fühle ich mich noch eher unsicher und brauche noch extensive, am besten persönliche Beratung, so sollte ich vielleicht eher mit einem Depot bei meiner Hausbank beginnen, auch wenn das teurer ist. Je erfahrener man als Anlegerin wird, desto weniger braucht man den Kundenservice im Normalfall. Dessen Qualität sollte man dennoch nicht außer Acht lassen und sich vor der Depoteröffnung darüber informieren, z. B. auf Bewertungsseiten im Internet.

Hat er Hobbys?

Welche Services werden noch angeboten? Manche Broker bieten die Möglichkeit, Live-Kurse dazuzubuchen oder weitere Analysemethoden zu verwenden. Andere wiederum bieten Weiterbildungsmöglichkeiten in Form von Online-Trainings oder sogar Seminare.

VORSICHT VOR HANDELSPLATTFORMEN MIT CFDs UND SPREAD-WETTEN

CFDs (Contracts for Difference, zu Deutsch: Differenzkontrakte), Spread-Wetten und binäre Optionen sind hochriskante Finanzprodukte. Es handelt sich hierbei um Wetten auf normale Wertpapiere. Sie sind so riskant, dass sie in manchen Ländern für Privatinvestorinnen sogar verboten sind, zum Beispiel in den USA.

Keine Qual bei der Depot-Wahl

Die Wahl eines Depots mag anfänglich kompliziert wirken, es ist jedoch keine Wissenschaft. Ein Depot bei einem großen, populären Online-Broker erfüllt die Anforderungen eines Großteils der Anlegerinnen. Möchtest du unbedingt noch persönliche Beratung oder eine physische Ansprechperson, so kannst du dich vorerst für ein Depot bei der Hausbank entscheiden, auch wenn das in vielen Fällen teurer ist.

Egal wie du dich entscheidest, ein Depotvertrag ist keine Ehe oder in Stein gemeißelt. Du kannst von einem Anbieter zu einem anderen wechseln, falls du nicht zufrieden bist.

Was ist die Risikoklassifizierung?

Wenn du ein Depot aufgemacht hast, wird dich der Anbieter darum bitten, eine Risikoklassifizierung auszufüllen, bevor du überhaupt Wertpapiere handeln darfst. Dies ist gesetzlich vorgeschrieben und durch die EU-Richtlinie MiFiD festgelegt. Es werden Vermögen, relevante berufliche Erfahrung und Erfahrung mit verschiedenen Wertpapieren abgefragt. Aufgrund dessen wird man in Kategorien eingeteilt. Je nachdem, welche Kategorie du angibst, lässt dich der Broker gewisse Wertpapiere handeln. Das dient dazu zu vermeiden, dass unerfahrene Anlegerinnen sich verspekulieren. Als Anfängerin ist es empfehlenswert, eine niedrige Risikokategorie zu wählen und sich dann Stück für Stück zu den volatileren Wertpapieren vorzuarbeiten. Die Risikoklasse kannst du bei den meisten Brokern mit ein paar Mausklicks wieder ändern.

DATEN FÜR DIE SMARTEN

Nachdem du deinen Traumbroker gefunden hast, geht's zum nächsten Schritt. Um deine potenziellen Investitionen genau untersuchen zu können, brauchst du Zugang zu Daten. Finanzdaten – besonders, wenn es sich um **real-time-Daten** handelt – können sehr teuer sein. Im institutionellen Bereich liegen die Kosten für ein Daten-Terminal wie Reuters oder Bloomberg ab 2.000 Euro pro Monat. Damit kann man natürlich auch so Einiges machen. Man erhält durch sie Zugang zum weltweiten Interbankenmarkt oder kann darüber jedes Handelsschiff weltweit verfolgen[60.]

Als Privatinvestorin wirst du aber im Normalfall auf kostenlose Online-Daten zurückgreifen. Es gibt einige Finanzportale, die solche Daten zur Verfügung stellen. Obwohl jede der Seiten einen etwas anderen Fokus hat, ist der Aufbau der essentiellen Elemente ähnlich. Der typische Datensatz für ein Wertpapier besteht aus einem Kurs- und Stammdatenblatt, den Finanzkennzahlen, News- und (Analystinnen-)Ratings sowie einem Teil über Nachhaltigkeit.

Sehen wir uns beispielhafte Datensätze ab S. 70 an:

Das Kursblatt

Dream Stock AG	7,35 EUR +0,43 (6,22 %)
ISIN: AT0001740302	30. Dez., 17:35 MEZ

Kennzahlen

Dividende	3,50 %
Dividendenrendite (in %)	3.67 %
Ergebnis/Aktie	11,00
KGV	6,50
KBV	0,81
30 Tage Vola	22,17
Rating (Fitch)	A-

BID	7,38	ASK	7,39
Bid Size	3800	Ask Size	5200

Eröffnung /Vortag	6,90 / 6,93
Volumen (Stück)	177,836.00
Marktkapitalisierung (€) Mrd.	14,31
Tageshoch/-tief	7,42 / 6,90
52 Wochen Hoch (28.1.2019)	8,34
52 Wochen Tief (16.8.2019)	5,79

Top News

30.12.2019	Dream Stock AG: Was kann die neue Vorständin?
30.12.2019	HSBC stuft Dream Stock AG auf „Buy" hinauf
28.12.2019	Jahresrückblick: Das bewegte die Dream Stock AG 2019
24.12.2019	Ad-hoc: Veränderung im Vorstand der Dream Stock AG

Das Kursblatt zeigt auf einen Blick die Stammdaten des Wertpapiers sowie die aktuellen Kursdaten. Die Bedeutung der Kennzahlen sowie der Nachrichten werden wir in den Kapiteln 5 bis 8 im Detail betrachten.

Die Finanzkennzahlen

Gewinn- und Verlustrechnung	2014	2015
Zahlen in Mio.	EUR	EUR
Umsatz	80.401,00	92.175,00
Bruttoergebnis	17.005,00	18.132,00
Bruttomarge	21,15 %	19,67 %
EBIT	9.118,00	9.593,00
Ergebnis nach Steuern	5.817,00	6.396,00
Jahresüberschuss/-fehlbetrag in Mio.	5.798,00	6.369,00

Kennzahlen		
Aktien im Umlauf in Mio.	656,50	656,81
Ergebnis je Aktie	8,86	9,74
Dividende je Aktie	2,90	3,20
Buchwert je Aktie	57,03	65,11
KGV	10,20	8,00
KBV	1,58	1,20

2016	2017	2018
EUR	EUR	EUR
94.163,00	98.678,00	97.480,00
18.721,00	19.934,00	18.556,00
19,88 %	20,20 %	19,04 %
9.386,00	9.880,00	9.121,00
6.910,00	8.706,00	7.240,00
6.863,00	8.620,00	7.117,00
657,11	657,60	658,12
10,52	13,24	11,00
3,50	4,00	3,50
72,08	82,95	88,26
8,50	6,60	6,50
1,24	1,06	0,81

Dies ist ein kurzer Überblick über die Finanzkennzahlen, so wie er auf einigen Finanzportalen angezeigt wird. Besonders im Vordergrund stehen die Gewinn- und Verlustrechnung sowie die wichtigsten Ertragskennzahlen. Mit den Finanzberichten von Unternehmen werden wir uns im Detail in Kapitel 7 (s. S. 113ff.) beschäftigen, wenn wir uns der Fundamentalanalyse von Aktien widmen.

News und Analystinnen-Ratings

News

30.12.2019	Dream Stock AG: Was kann die neue Vorständin?
30.12.2019	HSBC stuft Dream Stock AG auf „Buy" hinauf
28.12.2019	Jahresrückblick: Das bewegte die Dream Stock AG 2019
26.12.2019	Die Fusion zwischen Dream Stock und Multi Trade bringt neue Chancen in Asien

Unternehmensnachrichten

24.12.2019	Ad-hoc: Veränderung im Vorstand der Dream Stock AG
1.12.2019	Ad-hoc: Übernahmeangebot für Multi Trading AG

Analystinnen-Ratings & Empfehlungen

Datum	Rating	Kursziel	Nachricht
30.12.2019	Buy	7,85	HSBC stuft Dream Stock AG auf „Buy" hinauf
18.12.19	Hold	7,10	NordLB belässt Dream Stock AG auf „Halten" – Ziel 7,10 Euro
12.12.19	Sell	–	Independent Research senkt Dream Stock AG auf „Verkaufen"
11.12.19	Neutral	7,25	JPMorgan belässt Dream Stock AG auf „Neutral" – Ziel 7,25 Euro
11.12.19	Outperform	7,80	RBC hebt Dream Stock AG auf „Outperform" – Ziel 7,80 Euro

News-und Rating-Seiten zeigen die aktuellsten Nachrichten und Analystenempfehlungen an. Was diese für ein Wertpapier bedeuten, sehen wir uns genauer in den weiteren Kapiteln an. Es gibt übrigens einen Unterschied zwischen regulären Nachrichten und Nachrichten, die direkt vom Unternehmen kommen. Börsennotierte Unternehmen sind dazu verpflichtet, wichtige Informationen zu publizieren. Das sind so genannte Ad-hoc-Meldungen.

Nachhaltigkeitsdaten

ESG PERFORMANCE

	Dream Stock AG	Peer Group
Environment	66,4	55,8
Social	68,5	63,4
Governance	53,3	58,6

	Dream Stock AG	Peer Group
Kontroversen-Level	4	1,8

Kontroverse Produkte und Aktivitäten

Alkohol	Nein	
Pornographie	Nein	
Glücksspiel	Nein	
Tabakprodukte	Nein	
Tierversuche	Nein	
Pelz und Spezialleder	Nein	
Kontroverse Waffen	Nein	
Handfeuerwaffen	Nein	
GMO	Nein	
Militärische Aufträge	Nein	
Pestizide	Nein	
Kohle	Nein	
Palmöl	Nein	

Nachhaltigkeitsdaten geben uns einerseits Auskunft über die kritischen Geschäftsfelder, mit denen ein Unternehmen vielleicht in Berührung kommt, und zeigen andererseits die generellen Werte für Umweltverträglichkeit (E), soziale Fairness (S) und Transparenz (G). Am Ende dieses Kapitels (s. S. 77) und in Kapitel 7 (s. S. 126ff.) wird das Thema Nachhaltigkeit näher erläutert.

Online-Portale für Finanzdaten

Nun haben wir uns einige generische Beispiele für Finanzdaten angesehen. Hier sind Links zu einigen deutschsprachigen Seiten, die diese Art von Daten gratis zur Verfügung stellen und dir bei deiner Analyse helfen:

Finanznachrichten.de

Das ist ein Nachrichten-Aggregator, der News von verschiedenen Portalen sammelt. Unter den meistgelesenen Nachrichten siehst du, über welche Unternehmen gerade besonders viel gesprochen wird. Wenn du den Titel eines Unternehmens in die Suchleiste eingibst, findest du die aktuellen Nachrichten zu dem jeweiligen Unternehmen, sowie dessen Ad-Hoc- und Pressemeldungen und die neuesten Analystinnen-Ratings. Im Großen und Ganzen bietet diese Seite einen guten Überblick über die Nachrichtenlage zu einem Unternehmen.

Merkmale/Besonderheiten:
- Sehr guter Überblick über aktuelle News
- Praktische Sammlung der Analystinnen-Ratings

Finanzen.net

Dieses Portal bietet relativ viele Daten, die für die Fundamentalanalyse (s. S. 113ff.) eines Unternehmens praktisch sind und werden sehr gut für den ersten Überblick tabellarisch aufbereitet. Finanzen.net hat auch einen guten Aktienfilter, bei dem man sich Wertpapiere nach verschiedenen Kriterien aussuchen kann. Auch im Bereich der ETFs ist die Seite für einen ersten Überblick praktisch.

Merkmale:
- Praktische Präsentation der Daten
- Ideal für eine schnelle Analyse

Börse Frankfurt und Wiener Börse

Diese zwei Börsen bieten ebenfalls einen guten Überblick über die Basisdaten sowie einige Fundamentaldaten der dort gehandelten Aktien und ETFs. Das Praktische daran? Sie zeigen viel weniger Werbung als manche der Finanzmedien und sind daher wesentlich augenschonender.

Merkmale:
- Neutrale Datenpräsentation
- Vertrauenswürdig und augenschonend

Guidants.de

Dieses Analyseportal von BörseGo gibt einem ein richtiges Trading-Feeling. Man kann sich gratis einloggen, um Charts zu analysieren, Nachrichten zu lesen und auch handeln, wenn man den Guidants-Account mit dem eigenen Brokerage-Account verknüpft.

Merkmale:
- Richtiger Trading-Flair
- Sehr gutes gratis Chart-Tool

Cleanvest.org

Dieses Unternehmen untersucht ETFs und Fonds auf deren Nachhaltigkeit. Man kann in der Datenbank nach verschiedenen Nachhaltigkeitskriterien filtern und überprüfen, inwieweit verschiedene Fonds sich danach richten.

Merkmale:
- Sehr gut bei der Nachhaltigkeitsanalyse
- Userfreundliche Datenbank und viele Kriterien

Wo finde ich Nachhaltigkeitsdaten?

Der Markt für nachhaltiges Investment wächst – zum Glück – stark. Während Mitte der 2000er Jahre lediglich 1 % der Finanzprodukte einen nachhaltigen Fokus hatten, sind es aktuell bereits

10 %[61]. Dies wirkt sich natürlich auch auf das Angebot der Nachhaltigkeitsdaten aus.

Es gibt bereits einige Rating-Agenturen, die sich auf Nachhaltigkeitsanalysen spezialisiert haben, z. B. Sustainalytics oder ISS Ökonom. Diese stützen ihre Analysen auf verschiedenste Informationen, wie z. B. die so genannten CSR-Reports von börsennotierten Unternehmen.

CSR-REPORTS: NACHHALTIGKEIT UND TRANSPARENZ

CSR steht für Corporate Social Responsibility und es handelt sich hierbei um einen zwingenden nichtfinanziellen Bericht, den jede börsennotierte AG in Europa gemeinsam mit dem Jahresbericht erstellen muss, basierend auf der EU-Richtlinie 2014/95/EU[62], die 2016 in Kraft trat.

In Deutschland entschied man sich dafür, diesen Bericht einfach CSR-Bericht zu nennen. Die Österreicherinnen setzten sich gegen die unsägliche Flut der Anglizismen zur Wehr und nannten das Ganze etwas zungenbrecherisch NaDiVeG-Bericht – Nachhaltigkeits- und Diversitätsverbesserungsgesetz. Manche Unternehmen erstellen diesen separat, bei anderen ist er Teil des Jahresberichts.

In diesem Bericht findest du Daten und Informationen wie die Nachhaltigkeitsstrategie, den Ressourcenverbrauch, den CO_2-Ausstoß, wie das Unternehmen sichergeht, dass es die Menschenrechte einhält, für die Gesundheit und Vielfalt der Mitarbeiterinnen oder die Transparenz der Aktionärskommunikation sorgt.

Wie wir gleich sehen werden, sind internationale Plattformen da schon etwas weiter.

Yahoo! Finance

Dies ist eines der größten gratis Finanzdatenportale in den USA. Neben sehr gut aufbereiteten Basisdaten verfügt Yahoo! Finance über ein praktisches Chart-Tool und seit einiger Zeit auch über extensive Daten zur Nachhaltigkeit inklusive eines „Kontroversen-Index", der auf einen Blick erkennen lässt, ob das Unternehmen eine „Skandalnudel" ist.

Yahoo! Finance verfügt ebenfalls über ein extensives Filter-Tool, über das man Wertpapiere mit den verschiedensten Kriterien finden kann.

Besonderheiten:

- Führendes Finanzportal in den USA
- Alles, was man für eine schnelle Analyse braucht, auf einem Fleck

Morningstar

Der Datenprovider Morningstar ist schon seit Jahrzehnten für seine Fonds-Ratings bekannt. Das Unternehmen vergibt – ähnlich wie bei Hotels – bis zu fünf Sterne an Fonds und ETFs. Deren Online-Portal bietet gratis ein sehr hohes Niveau an ETF-Analysetools inklusive eines Nachhaltigkeitsratings von ein bis fünf blauen Weltkugeln für sehr viele der dort gelisteten ETFs. Viele der wichtigen ETF-Daten sind dort anschaulich und werbefrei visualisiert.

Besonderheiten:

Bestes Portal für ETFs

Sehr gute Visualisierungen der essentiellen Daten

PRO-TIPP:

Wenn du ein spezielles Wertpapier suchst, dann suche nicht mit dem Namen, sondern am besten mit der ISIN-Nummer. Die ISIN (International Securities Identification Number) ist für jedes Wertpapier einzigartig. Sie besteht aus einem zweistelligen Ländercode, einem neunstelligen alphanumerischen Code und einer Prüfziffer. Die ISIN der Österreichischen Post AG ist z. B. **AT0000APOST4.** Auf Finanzseiten findet man die ISIN meistens gleich beim Namen des Unternehmens oder bei den Stammdaten.

Wenn du damit suchst, dann kannst du auch sicher sein, dass du das richtige Wertpapier erwischst. Suchst du nämlich nur nach dem Namen, kann es dir passieren, dass du das falsche Wertpapier analysierst, oder, noch schlimmer, handelst. Manche Unternehmen haben nämlich verschiedene Aktienarten (z. B. Stamm- und Vorzugsaktien).

Der einzige Haken: Die US-Amerikaner halten anscheinend nicht viel von der ISIN, sondern orientieren sich eher an Börse-Tickern. Daher funktioniert die Suche nach der ISIN nicht auf allen Portalen gleich gut.

Neben Online-Portalen gibt es natürlich immer Informationen zu Wertpapieren und Unternehmen bei den Unternehmen oder Fonds-Gesellschaften, die ETFs auflegen. Fonds-Gesellschaften haben im Normalfall einen telefonischen Kundenservice, der dir Fragen beantworten kann; börsennotierte Unternehmen haben eine Investor-Relations-Abteilung.

Nun hast du eine Anleitung, wie du dir ein Depot aussuchst und weißt, woher du Daten bekommst. Nach dem letzten Kapitel hast du auch schon Investmentkapital bereitgestellt. Jetzt fehlt nur noch die Investment-Laune.

DIE INVESTORELLA-LESELISTE

Egal, ob auf der Couch oder am Strand, mit diesen Büchern tauchst du in die Börsenwelt ein. Die Lernkurve, Korrektur, der Lernkurs, steigt Seite für Seite.

- **„Gier. Neuroökonomie: Wie wir ticken, wenn es ums Geld geht"** von Jason Zweig
  Einsteigerinnentauglich
  Ein absolut geniales Werk zum Thema Finanzpsychologie, das die wichtigsten wissenschaftlichen Erkenntnisse zusammenfasst und uns auf humorvolle Weise darauf aufmerksam macht, wie wir uns gerne selbst täuschen, wenn es ums Thema Geld geht.

- **„Die besten Dividendenstrategien – simplified"** von Georg Probstl
  Einsteigerinnentauglich
  Erklärt vereinfacht die wichtigsten Konzepte des Dividenden–Investments und ist ideal für Einsteigerinnen.

- **„Das Zen der ersten Million"** von Claus David Grube
  Einsteigerinnentauglich
  Ein deutscher Aussteiger lebt in einem Zen-Kloster in Asien. Dort meditiert er, kocht Reis und wartet auf die Erleuchtung. Eines Tages sagt ihm sein Meister, dass er nur eine letzte Aufgabe bewältigen muss: Er soll in die Welt hinausgehen und eine Million Dollar verdienen.

- **„Der große Irrtum"** von Roger Lowenstein
  für Fortgeschrittene
  Dieses Buch liest sich wie ein packender Finanzkrimi und erzählt die wahre Geschichte des Aufstiegs und Falls des von

Nobelpreisträgern gegründeten Hedgefonds Long Term Capital Management, der in den 90er Jahren das Finanzsystem an den Rand eines Zusammenbruchs führte.

- **„Barbarians at the Gate"** von Bryan Burrough
  für Fortgeschrittene
  Hier wird eine der spektakulärsten Übernahmen der Finanzgeschichte erzählt. Die New York Times nennt es eines der besten Business-Bücher, das je geschrieben wurde. Sie hat damit Recht.

- **„The Little Book of Valuation"** von Aswath Damodoran
  für Fortgeschrittene
  Dieses niedliche kleine Basiswerk der Fundamentalanalyse ist nicht nur ein Muss für alle Finanzwirtschaft-Studenten, sondern auch das ideale Einsteigerinnenbuch zum Thema Fundamentalanalyse.

- **„Reminiscences of a Stock Operator"** von Edwin Lefevre
  für Fortgeschrittene
  Dieses Buch wurde erstmals 1923 veröffentlicht und erzählt die Geschichte eines turbulenten Traderlebens an der Wall Street. Ein ideales Buch, das Investorinnen vor Augen führt, dass Trends zwar kommen und gehen, aber gewisse Dinge an der Wall Street sich nie verändern.

- **„Das kleine Buch der Market Wizards"** von Jack Schwager
  Einsteigerinnentauglich
  Bereits vor 30 Jahren begann der Journalist Jack Schwager die berühmtesten Trader und Hedgefondsmanager an der Wall Street zu interviewen. Dieses Buch fasst die besten Interviews aus den verschiedenen „Market Wizards"–Bänden zusammen. Ein absolutes Muss.

- **„Die Ökonomie von Gut und Böse"** von Tomas Sedlacek
  für Fortgeschrittene
  Sedlacek ist ein junger tschechischer Ökonom mit roten
  Rastalocken, mit dem ich schon einmal in der Prager Bar
  „Blue Light" bei einem Bier den Kapitalismus diskutiert
  habe. Sein Buch ist eine wunderbar poetische Erzählung der
  Wirtschaftsgeschichte und Philosophie.

- **„Kein Kapitalismus ist auch keine Lösung"**
  von Ulrike Herrmann
  Einsteigerinnentauglich
  Es gibt kein besseres Anfängerinnen-Buch über die Prin-
  zipien, die die Ökonomie geformt haben als dieses. Mit
  viel Humor erzählt die Autorin von den Irrwegen der
  Wirtschaftstheoretiker, wie Adam Smith heute noch miss-
  verstanden wird, von Karl Marx' bourgeoisen Aussetzern
  und warum man sich den Keyenesianismus doch nochmal
  ansehen sollte.

DIE INVESTORELLA-WATCHLIST

Keine Sorge, für die Netflix-&-Chillerinnen-Fraktion ist ebenfalls gesorgt. Für die weniger leserattigen unter euch gibt es folgende binge-watch-taugliche Liste:

- **„Wall Street" (1987)**
  Rating: 5 von 5 Bullen
  Der Börsenfilm schlechthin. Die „Greed is Good"-Rede von Michael Douglas ist die epischste Szene, die je in einem Film über die Finanzmärkte gedreht wurde.

- **„Rogue Trader" (1999)**
  Rating: 3 von 5 Bullen
  Die wahre Geschichte von Nick Leeson, der aus Versehen die älteste Bank Englands verspekuliert.

- **„Boiler Room" (2000)**
  Rating: 3 von 5 Bullen
  Dieser Film erzählt die Geschichte eines jungen Brokers, der Stück für Stück draufkommt, dass sein Arbeitgeber vielleicht doch nicht ganz ehrlich ist.

- **„Trading Places – Die Glücksritter" (1983)**
  Rating: 2 von 5 Bullen
  Eine niedliche Verwechslungskomödie, in der ein junger Bettler von der Straße plötzlich die Chance bekommt, ein Rohstoffhandelshaus zu leiten.

- **„The pursuit of happiness" (2006)**
  Rating: 3 von 5 Bullen
  Die herzzerreißende, wahre Geschichte eines obdachlosen Vaters, der ein unbezahltes Praktikum als Aktienhändler

annimmt, um seinem Sohn ein besseres Leben bieten zu
können.

- **„The Wolf of Wall Street" (2013)**
  Rating: 5 von 5 Bullen
  Ein überschwängliches Meisterwerk, das eindrucksvoll die
  Dekadenz der 90er Jahre zur Schau stellt. Typisch Scorsese
  eben!

- **„L'Outsider" (2016)**
  Rating: 3 von 5 Bullen
  Dieser Film erzählt die wahre Geschichte des Traders Jerome
  Kerviel, der unerlaubte Trading-Positionen in Milliarden-
  höhe aufbaute und die größte Bank Frankreichs ins Wanken
  brachte. Ist Kerviel der Täter – oder das eigentliche Opfer?

- **„Enron – the smartest guys in the room" (2005)**
  Rating: 4 von 5 Bullen
  Die Doku zeigt die Geschichte des Enron-Skandals. Sie
  veranschaulicht deutlich, wie sehr sich Marktteilnehmer
  blenden lassen – auch die Wirtschaftsprüfer, die eigentlich
  aufpassen sollten –, wenn alles gut läuft.

- **„Inside Job" (2010)**
  Rating: 5 von 5 Bullen
  Diese Doku über den Börsencrash 2008 und darüber, was
  kurz darauf hinter dem Vorhang passierte, sollte jede einmal
  gesehen haben. Packend, erschreckend, wahr.

- **„Betting on Zero" (2017)**
  Rating: 4 von 5 Bullen
  Der blauäugige Hedgefonds-Manager Bill Ackman will
  beweisen, dass Herbalife ein Pyramidenspiel ist und somit

vom Kursverfall profitieren. Das Ganze läuft blendend, bis sein Erzfeind auftaucht. Diese Doku zeigt anschaulich, dass das Leben selbst die besten Börsengeschichten schreibt.

GEDANKENFUTTER FÜR GEEKETTES
Neben meinen Lieblingsbüchern gibt es natürlich auch die Charts meiner liebsten finanzmathematischen Studien.

1. **„The World's Largest Hedge Funds is a Fraud"** von Harry Markopolus (2005)
   Diese Studie liest sich wie ein Kriminalroman. Der Finanzmathematiker Markopolos verwendet mathematische Methoden und rechnet vor, dass Bernie Madoffs Hedgefonds wahrscheinlich ein großer Betrug ist. Dieses Paper schickt er 2005 an die Aufsichtsbehörde SEC, die jahrelang nicht reagiert, bis Madoff sich im Jahr 2008 selbst stellt.

2. **„Chinese Walls in German Banks"** (2003), Lehar, Randl
   Eigentlich sollten die Kapitalmarktabteilungen und die Kreditabteilungen in großen Banken nicht miteinander reden, damit es nicht zur Weitergabe von Insiderinformationen kommt. Diese rechtliche Trennung nennt man eine „chinesische Mauer". Die Autoren zeigen in ihrer Studie eindrucksvoll, dass die Informationen dieser Banken zu treffsicher sind, um lediglich aus öffentlichen Quellen zu kommen.

3. **„Value Investing: The use of historical financial statements to separate the winners from the losers"** (2001), Joseph D. Piotroski
   In dieser legendären Studie sieht Piotroski sich an, welche fundamentalen Kennzahlen signifikant für die Bestimmung der zukünftigen Performance einer Aktie sind und entwickelt daraus die „F-Score". Absolut lesenswert und ein Genuss für Excel-Fetischistinnen.

DIE WICHTIGSTEN LERNZIELE!

1. Um in Wertpapiere zu investieren, brauchst du ein Depot. Hierfür kannst du aus verschiedenen Anbietern von Gebühren, Produktpaletten und Serviceleistungen den Broker auswählen, der am besten deinen Ansprüchen entspricht.

2. Real-time Daten sind teuer, aber zum Glück gibt es einige Portale im Internet, die gratis hochwertige Informationen zur Verfügung stehen. Sie sind in diesem Kapitel aufgelistet.

3. Weiterbildung ist wichtig. Daher gibt es in diesem Kapitel Buchtipps sowie eine Liste der epischsten Börsenfilme.

ZINSEN ZUM GRINSEN

WAS SIND ANLEIHEN EIGENTLICH?

Anleihen, manchmal auch Renten oder nach ihrer englischen Bezeichnung Bonds genannt, sind im Prinzip verbriefte Kredite. Wir borgen einem Unternehmen Geld und es zahlt uns dafür Zinsen und am Ende der vereinbarten Laufzeit unser Kapital zurück.

Anleihen haben einen Ausgabe- und Rücknahmewert, der Nennwert oder auch Nominale genannt wird. Anleihen haben auch einen Kupon, der den Zinssatz bestimmt. Hier gibt es einige Variationen, die wir uns später im Detail ansehen. Bei der Ausgabe oder Emission der Anleihe zahlt die Investorin die Nominale an das Unternehmen. Dann bekommt die Investorin periodisch Zinsen in der Höhe des Kupons und am Ende der Laufzeit erhält sie die letzte Zinszahlung sowie die Nominale zurück. Ein Beispiel der Zahlungsströme einer dreijährigen Fixzinsanleihe:

Nominale	100			
Zinssatz	2,50 %			
Laufzeit	3 Jahre			
	Emission	Jahr 1	Jahr 2	Jahr 3
Investorin	-100	2,5	2,5	102,5

Anleihen kann man nach verschiedenen Kategorien unterscheiden. Generell werden diese nach der Emittentin – also der Institution, die die Anleihe begibt – oder nach der vertraglichen Ausgestaltung klassifiziert. Sehen wir uns einmal die gängigsten an.

Staatsanleihen

Wie der Name schon sagt, vergeben Staaten Anleihen, die Investorinnen kaufen können. Der Staat verwendet das Geld für die verschiedensten Ausgaben. Die Zinszahlungen sind durch Steuereinnahmen gesichert. Staatsanleihen gelten generell als sicherer Ort, um als Anlegerin das eigene Geld zu parken. Wie sicher eine Staatsanleihe ist, kommt jedoch auf den Staat an. Nicht alle Staaten haben eine gute Bonität – also Kreditfähigkeit und Finanzkraft –, und es gab in der Vergangenheit bereits Staatskrisen, in denen die Anleiheneignerinnen auf Zinszahlungen verzichten oder Abschläge bei der Rückzahlung des Kapitals hinnehmen mussten. Solche unangenehmen Abschläge auf den Rückzahlungsbetrag nennt man auf Englisch auch „Haircut", denn wer wird schon gerne zu einem Kurzhaarschnitt gezwungen?

Um zu bestimmen, wie sicher eine Staatsanleihe ist, nimmt man das Rating (s. S. 95ff.) zur Hand. Das Rating ist eine Bewertung der Finanzkraft und Kreditwürdigkeit durch eine externe Bewertungsagentur.

Munis

Municipal bonds, kurz Munis, sind Anleihen von kleineren staatlichen Einheiten, wie z. B. Kommunen und Gemeinden. Als Anlegerin kannst du zum Beispiel die Anleihe des Freistaats Bayern oder eine Anleihe der Stadt Ludwigshafen kaufen. Munis sind Staatsanleihen sehr ähnlich, nur eben kleiner.

Bankanleihen

Auch Banken begeben Anleihen, um mit dem Geld wirtschaften zu können. Im Normalfall vergeben die Banken mit dem eingenommenen Geld wieder selbst Kredite.

Hypothekenanleihen und Pfandbriefe

Eine spezielle Art von Bankenanleihen sind Anleihen auf der Basis von Hypotheken. In Österreich heißen solche Anleihen Wohnbauanleihen und werden von Wohnbaubanken begeben, in Deutschland heißen sie Pfandbriefe und werden von Pfandbriefbanken begeben. Diese Art von Anleihen sind durch Immobilien besichert und gelten als mündelsicher, also sicher genug, dass man das Vermögen von unmündigen Personen darin investieren darf. In Österreich sind Wohnbauanleihen steuerbegünstigt. Bis zu einem Zinssatz von 4 % entfällt die Kapitalertragssteuer (KESt).

HYPOTHEKENANLEIHEN, WAR DA NICHT EINMAL WAS?

Du meinst vielleicht die Subprime-Kredite, die die Finanzkrise 2008 ausgelöst haben und die damit verbundenen Anleihen. Nachdem einige Gesetze gelockert wurden, durften US-amerikanische Banken auch an Menschen Hypotheken vergeben, die es sich eigentlich gar nicht leisten konnten – sogenannte Subprime-Schuldner. Aufgrund des hohen Ausfallrisikos waren die Zinsen dieser Hypothekarkredite meist auch vergleichsweise hoch. Diese Kredite wurden gebündelt und in sogenannte Collateralized Debt Obligations (CDOs) verwandelt. Man ging davon aus, dass nicht alle der Subprime-Kreditnehmer ausfallen würden, also gab man diesen Anleihen gute Ratings.

Als die Immobilienblase platzte und ein paar der Schuldner ihre Kredite nicht mehr bedienen konnten, hatten die Käufer der CDOs ein Problem. Da sie nicht wussten, wie viele und welche der Schuldner ausfallen würden, konnten sie diese Art von Anleihen nicht mehr bewerten. Wenn eine Bank eine Anleihe nicht mehr bewerten kann, muss sie diese drastisch abschreiben. So kamen die Banken ins Wanken.

In den USA wurde dann ein Bankenrettungsprogramm namens TARP[63] – Troubled Asset Relief Program – gestartet, um Banken diese Anleihen abzukaufen, damit ihre Bilanzen entlastet werden. Das Bankenrettungsprogramm war zwar anfänglich teuer, jedoch entpuppten sich die Subprime-Schuldner als braver als erwartet und am Ende des TARPs machte die US-Regierung sogar einen Gewinn.

Unternehmensanleihen

Auch Unternehmen begeben Anleihen, um ihre Projekte zu finanzieren. Je nach Branche und Unternehmen sind solche Anleihen mehr oder weniger gewidmet: Manche Unternehmen begeben Anleihen und verwenden den Erlös für was auch immer sie das Geld gerade brauchen, andere Unternehmen begeben Anleihen, um spezifische Projekte zu finanzieren. Unternehmensanleihen gibt es mit verschiedenen Laufzeiten. Manchmal begeben Unternehmen langfristige Anleihen, dann wieder nur sehr kurz laufende, die dazu dienen, den kurzfristigen Liquiditätsbedarf zu decken. Diese sind für Investorinnen praktisch, wenn sie Geld kurzfristig, z. B. nur für drei Monate, veranlagen wollen. Da man als Investorin beim Erwerb einer solchen kurzfristigen Anleihe bereits weiß, dass man in drei Monaten die Nominale der Anleihe wieder zurückbezahlt bekommt, muss man sich um Kursbewegungen kaum Sorgen machen.

Kurzfristige Anleihen erfreuen sich in den USA großer Beliebtheit und heißen dort Commercial Papers. In Europa tendieren Unternehmen eher dazu, ihren kurzfristigen Liquiditätsbedarf mittels Bankkrediten zu decken.

Green Bonds

Im Bereich der nachhaltigen Anleihen tut sich einiges. Diese sind vor allem als „Green Bonds" bekannt. Hier gibt es jedoch Unterschiede:

Einerseits gibt es Unternehmensanleihen von „grünen" Unternehmen, also solchen, die nachhaltig wirtschaften oder sich mit

Umwelttechnologien beschäftigen. Dann gibt es Anleihen, die spezifisch für „grüne" Projekte wie zum Beispiel erneuerbare Energien begeben werden.

Letztlich gibt es noch Anleihen von Entwicklungsbanken, die mit dem Geld Infrastruktur und Wachstumsprojekte in Entwicklungsländern finanzieren. Du kannst dir als Anlegerin z.B. eine Anleihe der Afrikanischen Entwicklungsbank kaufen, die in Projekte wie Trinkwassersysteme, Hungerbekämpfung, Häfen oder Stromleitungen investiert[64.]

Fixe oder variable Verzinsung? Oder gar keine?

Abgesehen von der Emittentin oder der Nachhaltigkeit einer Anleihe kannst du Anleihen auch nach der Art der Verzinsung kategorisieren. Handelt es sich um eine Fixzinsanleihe oder wird die Anleihe variabel verzinst? Variabel verzinste Anleihen haben für gewöhnlich einen Referenzzins wie den EURIBOR und einen Aufschlag darauf. Es gibt sogar Anleihen, die gar keine Zinsen zahlen. Diese nennt man Zero Bonds oder Nullkuponanleihen und sie funktionieren so, dass am Ende der Laufzeit mehr Kapital als vergeben zurückgeführt wird. Der Zinssatz ist somit implizit. Sehen wir die beispielhaften Zahlungsprofile der drei Anleihenarten ab S. 94 an.

Fixzinsanleihe	
Nominale	100
Kupon	3 %

Variabel verzinste Anleihen	
Nominale	100
Kupon	EURIBOR +2,5 %

Zero Bond / Nullkuponanleihe	
Ausgabekurs	92
Nominale	100
impliziter Zinssatz	2,82 %

WOHER KOMMT DER EURIBOR?

EURIBOR steht für Euro interbank offered rate und ist ein Referenzzinssatz. Dieser wird an jedem Banktag um 11 Uhr (Brüsseler Zeit) ermittelt, indem eine Reihe großer Banken die Zinssätze angibt, die sie für Perioden von einer Woche bis zwölf Monate anbieten. Daraus wird ein Durchschnitt errechnet. Die 15 % der höchsten und tiefsten Werte werden nicht berücksichtigt. Der EURIBOR ist auf der Website des EMMI[65], des European Money Markets Institute, ersichtlich.

	Emission	Jahr 1	Jahr 2	Jahr 3
Investorin	-100	3,00	3,00	103

	Emission	Jahr 1	Jahr 2	Jahr 3
Investorin	-100	2,45	2,75	103,25
EURIBOR		-0,05	0,25	0,75

	Emission	Jahr 1	Jahr 2	Jahr 3
Investorin	-92			100,00

WAS IST EIN RATING?

Ein Rating ist die Bewertung einer Anleihe. Ratings werden von Agenturen errechnet und deuten auf die Bonität – die Finanzstärke und Kreditwürdigkeit – einer Emittentin hin. Sie machen es Investorinnen einfach, verschiedene Emittentinnen auf einen Blick zu beurteilen. Diese Ratings funktionieren ähnlich wie Schulnoten. Deren Gestaltung variiert leicht zwischen den Ratingagenturen. Moody's, Standard & Poor's und Fitch sind die weltweit bekanntesten Ratingagenturen. Sehen wir uns einmal deren Ratingsysteme an.

	S&P	Fitch	Moody's
Höchste Bonität	AAA	AAA	Aaa
Hohe Bonität	AA+	AA+	Aa1
	AA	AA	Aa2
	AA-	AA-	Aa3

Starke Zahlungsfähigkeit	A+	A+	A1
	A	BBB+	A2
	A-	BBB+	A3
Adäquate Zahlungsfähigkeit	BBB+	BBB+	Baa1
	BBB	BBB	Baa2
	BBB-	BBB-	Baa3
Wahrscheinlich werden Verpflichtungen erfüllt, Unsicherheit besteht jedoch	BB+	BB+	Ba1
	BB	BB	Ba2
	BB-	BB-	Ba3
Hohes Kreditrisiko	B+	B+	B1
	B	B	B2
	B-	B-	B3
Sehr hohes Kreditrisiko	CCC+	CCC+	Caa1
	CCC	CCC	Caa2
	CCC-	CCC-	Caa3
Nahe eines Ausfalls mit der Möglichkeit auf Erholung	CC	CC	Ca
		C	
Ausfall	SD	DDD	C
	D	DD	
		D	

Nun, was sagen diese Buchstaben- und Zahlenkominationen aus? Sie weisen auf die Ausfallwahrscheinlichkeit hin. Das ist die Wahrscheinlichkeit, mit der das Unternehmen die begebene Anleihe und deren Zinsen nicht wie vereinbart zurückzahlen wird. Das bedeutet nicht unbedingt einen Totalausfall, also dass man gar nichts zurückbekommt, sondern kann z.B. auch heißen, dass die Zinsen nicht rechtzeitig gezahlt werden.

Das Rating einer Emittentin finde ich normalerweise auf der Kurs- und Stammdaten-Seite der Anleihe. Sollte es dort nicht zu finden sein, kann ich mich als Investorin an das Unternehmen selbst wenden, um dies zu erfragen, z. B. an die Investor Relations Abteilung.

WAS BEWEGT ANLEIHEN?

Die Kurse von Anleihen verändern sich natürlich und sind den Kräften des Marktes unterworfen. Obwohl Anleihen generell als stabiler gelten als Aktien[66] und tendenziell eine geringere Volatilität haben – das heißt, ihre Kurse schwanken weniger – gibt es zwei wichtige Faktoren, die die Anleihenkurse besonders stark beeinflussen: das Rating und das Zinsniveau des Marktes.

Der Faktor Bonität

Das Rating haben wir oben bereits angesprochen, und es ist natürlich logisch, dass sich der Kurs einer Anleihe verändert, wenn sich das Rating einer Emittentin verändert. Klar, denn wenn ein Staat oder Unternehmen plötzlich ein schlechteres Rating, also eine Herabstufung oder „Downgrade", erhält, dann bedeutet dies, dass die Anleihe nun risikoreicher ist. Daher fällt ihr Preis.

Die Bonität eines Unternehmens und somit der Anleihenkurs kann schon sinken, bevor eine Ratingagentur eine Herabstufung vornimmt, nämlich dann, wenn schlechte Nachrichten oder gar Horrormeldungen vom Unternehmen kommen. Ein Beispiel wäre eine sogenannte Gewinnwarnung. Dabei sagt das Unternehmen von sich selbst, dass es wohl sein Gewinnziel für das Geschäftsjahr nicht erreichen oder vielleicht gar einen Verlust schreiben wird. Solche Negativmeldungen können einen Anleihenkurs sofort sinken lassen. Zusammenfassend kann man sagen, dass die Bonität der Emittentin einer der wichtigsten Faktoren für Anleiheninvestorinnen ist.

Während die Bonität in den Augen vieler Anleihenbesitzerinnen ein Risiko ist, so kann sie für andere eine Chance darstellen. Manchmal machen Unternehmen schwierige Zeiten oder Restrukturierungsphasen durch, in denen ihre Bonität sinkt. In diesem Fall gibt es auch Anlegerinnen, die glauben, dass dies nur ein temporärer Zustand ist und sich in einigen Jahren wieder verbessern wird. Solche Anlegerinnen kaufen dann Anleihen, deren Kurse gesunken sind, um günstig einzusteigen. Das Thema Bonität kann also auch ein Wachstumsfaktor für Investorinnen sein.

RISIKO: ENORM HOHE ZINSEN, WAS STECKT DAHINTER?
Nun kennen wir den EURIBOR bereits als Referenzzinssatz. Dieser kann uns auch dabei behilflich sein, unnatürlich hohe Zinsen zu erkennen. Liegen die Zinsen einer Anleihe im Vergleich zum EURIBOR sowie zu ähnlichen Anleihen im Markt extrem hoch, so kann es sich hierbei um einen sogenannten „Junk Bond" handeln. Das sind Anleihen von finanziell schwachbrüstigen Unternehmen oder solchen, die sich in Krisen befinden.

Der Faktor Zinsen

Neben der Bonität ist das Zinsniveau des Marktes der wichtigste Einflussfaktor für Anleihen, vor allem für fix verzinste Anleihen. Warum das so ist, zeigt das folgende Beispiel:

Miriam ist Eignerin einer fixverzinslichen Anleihe, die einen 3 %-Kupon zahlt. Der Kupon der Anleihe ist der fixe Zinssatz. Der Marktzinssatz liegt für diese Laufzeit ebenfalls bei 3 %, doch dann verändert er sich und sinkt auf 2 %. Miriams Anleihe, die 3 % zahlt, ist somit vergleichsweise wertvoller. Ihr Kurs steigt.

Das Gegenteil passiert natürlich bei steigenden Zinsen. Steigt der Zinssatz auf 4 %, so ist Miriams 3 %ige-Anleihe plötzlich weniger attraktiv und ihr Preis fällt. Dieses Phänomen nennt man Zinssensitivität.

ZINSEN: KUPON UND RENDITE

Beim Anleihenkauf ist es wichtig, nicht nur auf den Kupon zu achten, sondern auch auf die Rendite. Sie wird auf Handelsplattformen und Börsenplätzen neben dem Preis der Anleihe meist ebenfalls angezeigt. Diese berechnet sich aus dem aktuellen Marktpreis und dem Kupon. Die folgenden Beispiele zeigen dir wie:

Nominale	100,00
Kupon	3,00 %
Aktueller Kurs	101,20
Rendite	1,78 %

Nominale	100,00
Kupon	3,00 %
Aktueller Kurs	97,40
Rendite	5,75 %

ZINSPRODUKTE ZUSAMMEN-GEFASST: ANLEIHEN-ETFs

Vielleicht hast du schon von ETFs – Exchange Traded Funds – gehört. Dies sind börsengehandelte Fonds, in denen mehrere Wertpapiere in einem Portfolio zusammengefasst werden. In Kapitel 8 sehen wir uns ETFs im Detail an (s. S. 147ff.). Es gibt sie mit verschiedenen Arten von Wertpapieren – also Asset-Klassen – und natürlich auch mit Anleihen.

Gerade als Einsteigerin sind Anleihen-ETFs sehr praktisch. Man trägt nicht das Klumpen-Risiko einer Emittentin, sondern das investierte Geld wird auf mehrere Anleihen verteilt.

Ein weiterer Vorteil, den Anleihen-ETFs Anfängerinnen bieten, ist die Stückelung. Viele Anleihenarten werden nur in hohen Stückelungen begeben, d.h. man muss von einer Anleihe zumindest 50.000 Euro kaufen. Das macht es für viele private Anlegerinnen unmöglich, in eine solche Anleihe einzusteigen. Keine Sorge, es gibt natürlich auch Unternehmensanleihen mit geringeren Stückelungen, z.B. ab 1.000 Euro. Dennoch sind die Stückelungen von Anleihen-ETFs wesentlich geringer und beginnen ab 10 Euro.

WIE FINDE ICH MEINE TRAUM-ANLEIHE?

Beim Aussuchen einer Anleihe oder eines Anleihen-ETFs ist es am besten, du entscheidest dich als erstes für die Art der Anleihe oder des Anleihen-ETFs, die du erwerben möchtest. Letztere sind gerade für Anfängerinnen empfehlenswert.

Soll es sich eher um Staatsanleihen handeln oder vielleicht um besonders nachhaltige Green Bonds? Nachdem du dich entschieden hast, kannst du dir auf Plattformen wie JustETF[67] oder Börse Frankfurt[68] Inspiration holen. Achte bei der Auswahl einer Anleihe nicht nur auf die Rendite, sondern immer besonders auf das Rating.

Wenn du ganz klassisch beginnen möchtest und noch nicht fürs kalte Wasser der Anleihenwelt bereit bist, dann kannst du z.B. mit einem Anleihen-ETF beginnen, der europäische Staatsanleihen enthält. Solche ETFs sind bereits breit gestreut und investieren in eine ganze Reihe verschiedener Anleihen derselben Kategorie oder Bonitätsstufe.

DIE WICHTIGSTEN LERNZIELE!

1. Es gibt verschiedene Arten von Anleihen, die entweder nach Emittentin oder Art der Zinszahlung kategorisiert werden.

2. Anleihenkurse werden stark von Marktzinssätzen sowie der Bonität des Unternehmens beeinflusst.

3. Um ein breit gestreutes Anleihen-Investment zu tätigen, kann man sich Anleihen-ETFs bedienen.

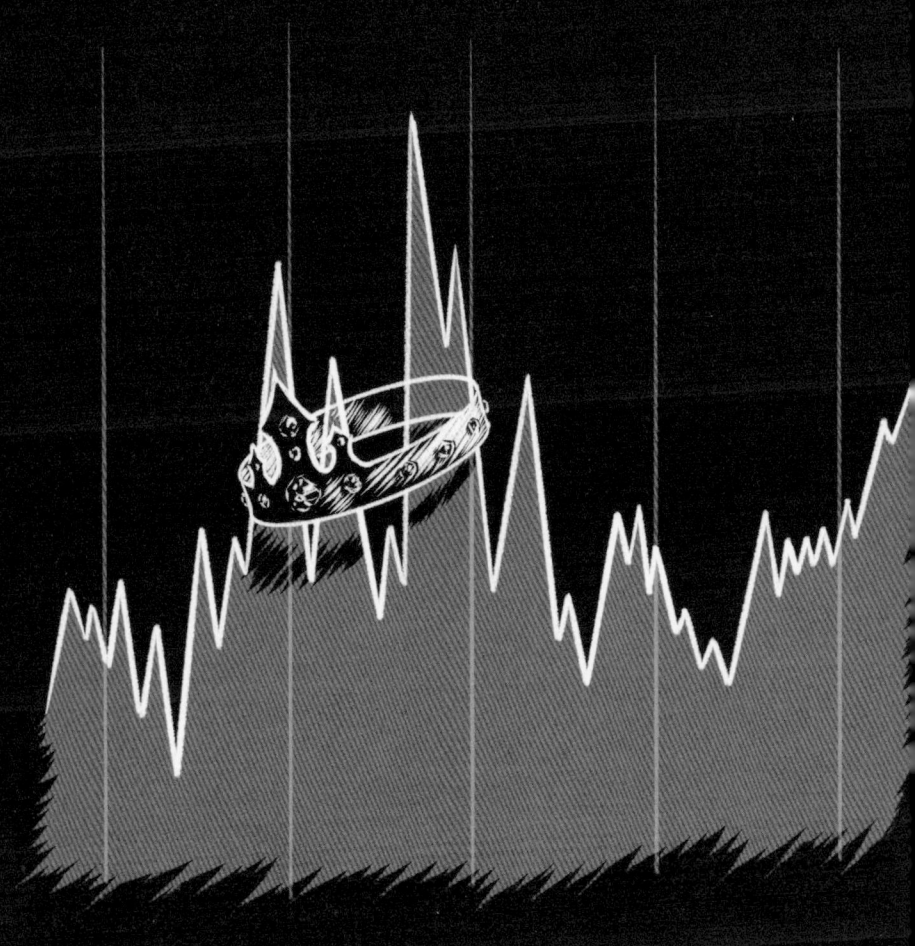

AKTIEN – DIE KÖNIGINNEN-DISZIPLIN

Wenn man an die Börse denkt, dann sind Aktien meistens die erste Wertpapierart, die einem in den Sinn kommt.

Aktien sind rechtlich gesehen Anteilsscheine an Unternehmen. Als Aktionärin besitzt man ein Stück Eigenkapital am Unternehmen, hat einen Anspruch auf die Gewinnausschüttung und das Recht auf eine Stimme bei der Hauptversammlung.

Einzelaktien sind nicht unbedingt für Anfängerinnen geeignet (außer natürlich für besonders risikofreudige). Wir werden sie in diesem Kapitel trotzdem im Detail behandeln, denn um Fonds und ETFs zu verstehen, muss man sich zuerst den Aktien annähern.

Börslich gehandelte Aktien bieten Investorinnen die spannende Möglichkeit, am Erfolg eines Unternehmens teilzuhaben – mit dem Risiko, auch einen Misserfolg einstecken zu müssen. Generell gelten Aktien als volatiler als Anleihen[69]. Volatil bzw. die Volatilität bedeutet die Schwankungsbreite des Kurses in einem bestimmten Zeitraum. Gleichzeitig sind Aktien aber auch eine der lukrativsten Wertpapierarten, mit einer Wertentwicklung von 8 % pro Jahr.[70]

Die Kurse von Aktien bewegen sich an fast jedem Handelstag auf und ab und manchmal sind die Bewegungen sogar richtig spektakulär. Daher wollen wir, bevor wir uns ansehen, wie man ein Unternehmen bewertet, einmal die Gründe beleuchten, warum sich Kurse überhaupt so stark bewegen.

WAS BEWEGT DIE AKTIENMÄRKTE?

Wenn in den Medien von Aktienmärkten gesprochen wird, sind sehr oft Indizes gemeint. Diese Indizes fassen die größten börsennotierten Unternehmen rechnerisch zusammen, damit man sich leicht einen Überblick darüber verschaffen kann, wie es den Aktien dieser Unternehmen gerade geht.

Aus den USA sind der Dow Jones Index (eigentlich Dow Jones Industrial Average) und der S&P 500 sehr bekannt. In England ist es der FTSE 100. Im deutschsprachigen Raum sind es der deutsche Aktienindex DAX, der österreichische ATX und der schweizer SMI. In Asien wird gerne der japanische Nikkei 225 betrachtet, in China der Shanghai Composite. Diese Indizes, die jeweils die wichtigsten ihres Heimatlandes sind, werden auch als „Leitindizes" bezeichnet.

Auf globaler Ebene beeinflussen die Indizes einander. Dieser Zusammenhang wurde schon vermehrt nachgewiesen[71][72]. Aus diesem Grund hört man manchmal in den Börsennachrichten, dass die europäischen Indizes vielleicht höher eröffnen, da der Handel in Asien gut lief. Dort eröffnen die Märkte ja aufgrund der Zeitverschiebung als erstes. Amerikanische Trader sehen sich im Gegenzug natürlich den asiatischen und europäischen Handel an, um zu erraten wie die US-Märkte vielleicht eröffnen könnten. Die gegenseitige Abhängigkeit ist natürlich nicht der einzige Einflussfaktor.

Die neuesten News am Markt

Nun, wie sieht es mit politischen Nachrichten aus? Immerhin gibt es Kriege, Konflikte und Katastrophen. Wie wirken sich solche Ereignisse auf die Aktienmärkte aus? Die Antwort darauf ist: gemischt. Zwei langfristige Studien[73][74] aus den USA haben gezeigt, dass die Märkte manchmal stark auf positive oder negative Nachrichten reagieren. Manchmal allerdings reagieren sie stark, ohne dass es besonders positive oder negative Nachrichten gibt.

Nicht alle Bewegungen in den Märkten lassen sich aufgrund der Nachrichtenlage erklären[75]. Aus der Sicht der Wissenschaft sind es sogar relativ wenige. Der berühmte Finanzmathematiker

Richard Roll fand heraus, dass sich nur 35 % der monatlichen und 20 %[76] der täglichen Kursbewegungen durch gesamtwirtschaftliche Einflüsse, die Kursbewegungen von Unternehmen in derselben Branche und von Nachrichten über das Unternehmen erklären lassen.

Der Effekt der Wirtschaft auf den Aktienmarkt

Welche ökonomischen Daten haben dann überhaupt Einfluss auf die Entwicklung der Aktienmärkte? Der oben genannte Richard Roll und seine Kollegen Chen und Ross haben dies getestet und daraus das berühmte Chen-Ross-Roll-Modell entwickelt. Sie fanden 1986[77] heraus, dass folgende Wirtschaftsdaten die Aktienmärkte nachweisbar beeinflussen:

INDUSTRIELLE PRODUKTION

Damit ist vor allem eine Steigerung der Produktion gemeint, die sich positiv auf die Aktienmärkte auswirkt. Unternehmen produzieren ja dann mehr, wenn auch mehr gekauft wird. Eine steigende industrielle Produktion ist somit ein Zeichen einer starken Konjunktur.

INFLATION

Damit ist die Teuerungsrate gemeint. Werden z. B. Rohstoffe oder andere Produktionsmittel teurer, ist das natürlich schlecht für Industrieunternehmen, weil ihre Kosten steigen. Dies wird mit dem Erzeugerpreisindex gemessen.

Werden die Preise von Konsumgütern teurer, so kaufen die Menschen für gewöhnlich weniger davon, was wiederum Unternehmen geringere Umsätze beschert. Dies wird mit dem Verbraucherpreisindex gemessen.

DER RISIKOAUFSCHLAG

Das ist der Zinsunterschied zwischen Unternehmen mit guten und schlechten Ratings. Die Ratings haben wir uns bereits im Anleihen-Kapitel (s. S. 95) angesehen. Ist dieser Unterschied geringer, so ist das ein Zeichen dafür, dass die Wirschaft gerade so gut läuft, dass es auch den schwächeren Unternehmen gerade besser geht.

ZINSEN

Oder, um genauer zu sein, die Zinskurve. Das sind die Zinssätze für die verschiedenen Laufzeiten von kurz bis lang. Niedrige Zinsen sind für gewöhnlich gut für die Aktienmärkte. Gibt es bei Spareinlagen oder Staatsanleihen nur wenige Zinsen, so suchen die Anlegerinnen oft nach höheren Renditen am Aktienmarkt, was die Kurse steigen lässt.

LÄUFT ALLES WIE GESCHMIERT?

„Und was ist mit dem Ölpreis?", denkst du jetzt vielleicht. Man hört doch in den Finanznachrichten oft, dass der Ölpreis gerade steigt und die Märkte deswegen fallen? Nun, jetzt wird es interessant. Im gerade besprochenen Chen-Ross-Roll-Modell kam heraus, dass der Ölpreis keine besondere Rolle spielt.
Es gibt jedoch neuere Studien[78], die sehr wohl den Zusammenhang zwischen dem Ölpreis und den Aktienmärkten messen konnten. Generell gilt: Ein steigender Ölpreis ist schlecht für Aktienkurse[79] (außer, der Markt befindet sich in einem Öl-Export-Land, dort profitiert man natürlich von einem höheren Ölpreis). Wie konnten Chen, Ross & Roll das übersehen? Eine oft zitierte Studie zu dem Thema aus dem Jahr 1999[80] eröffnet mit der Beobachtung, dass sich der Zusammenhang zwischen Ölpreis und den Aktienmärkten im Jahr 1986 verändert hat. Genau in dem Jahr, in dem Chen, Ross & Roll über ihr Modell

schrieben! Sie haben die Wichtigkeit des Ölpreises also nicht übersehen – sie hätten es damals einfach noch nicht wissen können, weil es sich um eine neue Entwicklung handelte.

Dies beleuchtet eine spannende Tatsache: Unsere technologischen Innovationen verändern auch die Art und Weise, wie unsere Märkte funktionieren. Daher müssen auch Bewertungsmodelle immer weiterentwickelt werden. Aktuell sind die weltgrößten Unternehmen Technologiekonzerne und nicht Industriekonzerne, wie das noch vor einigen Jahrzehnten der Fall war. Wie sich diese Veränderung auf die Wirtschaftsanalyse auswirkt, wird sich in den nächsten Jahren zeigen. Es zahlt sich also im wahrsten Sinne des Wortes aus, auf dem neuesten Stand zu bleiben.

DER EINFLUSS DES WECHSELKURSES

Auch der Wechselkurs zwischen den verschiedenen Währungen hat einen Effekt auf die Aktienmärkte und umgekehrt[81]. Manchmal geben die Aktienmärkte den Ton an und führen zu Bewegungen in den Währungsmärkten. Den Effekt von Wechselkursänderungen auf zukünftige Aktienkurse gibt es auch, der ist jedoch etwas schwächer[82]. Dieses Phänomen ist vor allem bei den großen und etablierten Währungen wie dem US-Dollar oder dem Euro zu beobachten.

In Wachstumsmärkten – die auch oft mit ihrem englischen Begriff Emerging Markets betitelt werden – kann man den Effekt der Wechselkurse auf die Märkte noch öfter beobachten[83 84 85]. Investiert man also in Wachstumsmärkte wie z.B. asiatische Länder, so sollte man den Wechselkurs der Lokalwährung zum Euro und Dollar im Auge behalten, da sich ein sinkender Kurs der Lokalwährung negativ auf den lokalen Aktienmarkt auswirken kann.

Mehr über das spannende Thema Wachstumsmärkte begegnet uns im Kapitel 8 über ETFs.

WAS IST MIT JOBS?

„Die Arbeitslosenzahl ist gesunken. Im Oktober kamen 30.000 neue Jobs dazu." Solche Aussagen hört man gelegentlich in den Finanzmedien. Was bedeutet das für die Märkte? Haben Jobzuwächse eine positive Auswirkung auf sie? Bis jetzt hat sich gezeigt, dass es diese zwar gibt, aber sie nur sehr kurzfristig wirkt. In den USA konnte man wissenschaftlich nachvollziehen, dass überraschend positive „Non-farm payrolls" – so heißt die Anzahl der privatwirtschaftlichen Beschäftigungsverhältnisse dort – zwar am Verkündungstag einen positiven Effekt auf die Märkte[86], aber sonst eher wenig Bedeutung haben.

WO FINDE ICH DIESE WIRTSCHAFTSDATEN?

Nun weißt du über den Effekt, den gesamtwirtschaftliche Entwicklungen auf den Markt haben, Bescheid. Aber woher bekommst du nun die Wirtschaftsdaten? Dafür gibt es Wirtschaftskalender. Gewisse Wirtschaftsdaten wie die Inflation (Erzeuger- und Verbraucherpreisindex), die industrielle Produktion oder die Anzahl der neuen Jobs werden von Zentralbanken oder staatlichen Statistikämtern veröffentlicht. Dies geschieht meistens periodisch, das Veröffentlichungsdatum ist also schon im Vorhinein bekannt.

Die Website Investing.com verfügt über einen sehr praktischen Wirtschaftskalender[87], den es auch auf Deutsch gibt. Dort werden die Daten nicht nur publiziert, sondern du kannst jeden einzelnen Begriff anklicken und erhältst eine Erklärung dazu. Außerdem hat jeder Datensatz ein Relevanz-Rating, das dir anzeigt, wie wichtig die jeweiligen Daten sind.

Andere Daten, wie z.B. Wechselkurse, den Ölpreis oder Zinskurven und Risikoaufschläge findest du auf Guidants, Yahoo! Finance oder Finanzen.net gut aufbereitet (s. S. 76ff.).

WAS BEWEGT MEINE – GENAU DIE EINE – AKTIE?

Bis jetzt haben wir uns angesehen, was die Aktienmärkte bewegt, also die Indizes. Aber wie sieht es mit einzelnen Aktien aus? Welche Faktoren haben einen Einfluss auf genau das Unternehmen, das ich gerade im Portfolio habe? Und auf Basis welcher Kriterien kann ich entscheiden, ob eine Aktie ein gutes Investment für mich ist? Sehen wir uns die wichtigsten Daten, die den Kurs einer einzelnen Aktie beeinflussen, einmal an.

Gute Neuigkeiten bringen gute Kurse?

Die Wissenschaft sagt: ja. Aktuelle Studien zeigen, dass Nachrichten dazu geeignet sind, positive und negative Kursbewegungen bei einzelnen Aktien auszulösen[88], besonders wenn man den Inhalt der Nachrichten als positiv und negativ bewerten kann[89], was mit den heutigen Technologien der Textanalyse möglich ist. Es zahlt sich also auf jeden Fall aus, die Unternehmensnachrichten zu den Aktien, die man besitzt oder überlegt zu kaufen, zu lesen und sich News-Filter anzulegen.

Gleichzeitig sind Nachrichten nicht der einzige Faktor, der Kurssprünge auslösen kann. Viele große Kurssprünge passieren ganz ohne Neuigkeiten[90]. Die sehen wir uns gleich an.

Vorher jedoch fragen sich einige von euch sicher, wie das zusammenpasst. Einerseits heißt es, dass Nachrichten bei einzelnen Aktien sehr wohl eine Auswirkung haben, aber was den Gesamtmarkt betrifft, so lässt sich dieser Zusammenhang nicht eindeutig nachweisen. Das ist ganz einfach erklärt: Wenn man vom Gesamtmarkt spricht, so spricht man von einem Index. Dieser enthält vielleicht 30, 100 oder 500 Einzelaktien. Davon werden viele positive oder negative Nachrichten haben. Im Verhältnis zueinander können dadurch sogar wichtige Wirtschaftsnachrichten wieder ausgeglichen werden.

Du kannst dir das wie die Laune einer Gruppe Teenager vorstellen. An einem Wintertag bekommt die ganze Schulklasse schneefrei. Da sollten doch alle gut gelaunt sein? Im Prinzip schon, aber viele von ihnen haben schlechte Nachrichten bekommen. Teresas Schwarm hat gerade mit ihr Schluss gemacht. Sina hat ihr Handy am Schulweg verloren. Julia hat gerade von ihren Eltern erfahren, dass sie keinen Mopedführerschein machen darf, und Tanja hat eine extrem schlechte Note auf ihre letzte Prüfung bekommen. Würde man nun die Gesamtlaune der Klasse messen, würden diese schlecht gelaunten Mädels den positiven Effekt der unerwarteten Schneeferien vielleicht wieder wettmachen. So verhält es sich auch bei Einzelaktien und Indizes.

Wie verhält es sich eigentlich mit Klatsch und Tratsch bei Aktien? Hat das, was z. B. auf sozialen Medien verbreitet wird, einen Einfluss auf Kurse? Ja, und wie![91] Ich habe in diesem Bereich geforscht und war damit natürlich nicht die Einzige. Mehrere Studien haben gezeigt, dass Marktentwicklungen mit der Laune auf Twitter korrelieren[92], und das sogar sehr stark, je nachdem, welche Sprachanalysemethode man verwendet[93].

Interessiert man sich für US-Aktien, so macht es Sinn, sich auch anzusehen, welche Unternehmen auf Twitter „trenden". Dieses Analysewerkzeug ist für dich als Privatinvestorin nur schwer zu finden, da es meist in teure Profisysteme integriert ist. Der amerikanische Anbieter StockTwits gibt jedoch einen ersten kurzen Überblick.

Was sagen die Profis?

Auf Twitter kann jeder Mensch seine Meinung kundtun, egal ob fundiert oder nicht. Es gibt jedoch abseits der sozialen Medien in Investmentbanken Menschen, die sich sehr fundierte Meinungen zu einzelnen Unternehmen bilden, nämlich Analystinnen. Diese sammeln alle Informationen, die sie über das Unternehmen finden und berechnen damit, wie sich der Kurs des Unternehmens wahrscheinlich im nächsten Jahr entwickeln wird.

Vielleicht hast du schon einmal einen Jahresbericht einer börsennotierten AG in der Hand gehabt. Diese Berichte enthalten mitunter mehrere hundert Seiten voller Zahlen, Detailberechnungen und rechtlich vorgeschriebenen Erklärungen. Analystinnen lesen sich diese Berichte wirklich durch.

Sie verfolgen auch die Unternehmensnachrichten und nehmen an Telekonferenzen zu den Unternehmenszahlen teil. Das kann man als normale Investorin übrigens auch. Man muss sich dafür bei Investor Relations anmelden.

INVESTOR RELATIONS – DAS ALLWISSENDE ORAKEL ZUM UNTERNEHMEN

Fast alle börsennotierten AGs haben eine Investor-Relations-Abteilung, die dafür da ist, Fragen von Investorinnen zu beantworten. Das ist so etwas wie ein Kundinnenservice für Aktionärinnen. Bei manchen sehr kleinen AGs macht das direkt die CFO. Wenn du also etwas über den aktuellen Geschäftsbericht oder die Vergangenheit des Unternehmens wissen möchtest, kannst du dort anrufen.

Sie dürfen jedoch keine persönlichen Prognosen abgeben und dir keine Insider-Informationen weitergeben.

Nachdem die Analystinnen alle Informationen zusammengetragen haben, publizieren sie eine Empfehlung. Diese kann lauten:

- **„Buy"**: Dabei handelt es sich um eine Kaufempfehlung
- **„Hold"**: Hat man die Aktie bereits, so sollte man sie auch behalten.
- **„Sell"**: Das ist eine Verkaufsempfehlung.
- **„Overweight", „equal weight"** oder **„underweight"**: Hat man ein großes Portfolio, so sollte man diesen Aktien mehr, gleich viel, oder weniger Gewichtung geben als sie im Vergleichsindex haben.
- **„Conviction Buy"**: Das kommt vom englischen Wort „convinced" – überzeugt. Die Conviction Buy Liste einer Investmentbank oder Analystin enthält jene Aktien, von denen sie absolut überzeugt ist, dass man sie kaufen sollte.

Neben Handelsempfehlungen geben Analystinnen für gewöhnlich auch Kursziele ab. Das ist der Kurs, bei dem die Aktie ihrer Meinung nach in einem Jahr stehen wird.

Wenn Analystinnen ihre Meinung über eine Aktie ändern, dann wirkt sich dies tendenziell auf den Kurs aus[94]. In kleinen Märkten wie Österreich ist dieser Effekt auch leicht messbar[95]. Lokale Analyst*innen wissen übrigens mehr als ihre internationalen Kolleginnen. Ihre Empfehlungen sind tendenziell genauer[96], besonders in weniger entwickelten Märkten.

Möchte man eine Aktie kaufen, so ist es auf jeden Fall empfehlenswert, sich anzusehen, was die Analystinnen über das Wertpapier sagen. Portale wie Yahoo! Finance (für US-Aktien) oder Finanznachrichten.de (für Aktien aus der DACH-Region) haben diese Informationen sehr gut aufbereitet.

FUNDAMENTALDATEN – DIE BASIS, AUF DER DAS UNTERNEHMEN STEHT

Nicht nur Analystinnen sehen sich die sogenannten Fundamentaldaten an. Investorinnen sollten das auch tun. Aber was sind Fundamentaldaten eigentlich? Darunter versteht man vor allem die Geschäftszahlen des Unternehmens, z.B. wie viel Umsatz und Gewinn es macht und wie sich diese Zahlen mit der Zeit entwickeln. Sieht man sich die Geschäftszahlen an, so gibt es viele Daten, die man in Erwägung ziehen kann. Welche davon sind wichtig? Sehen wir uns die absoluten Basics an.

Umsatz, Marge und Gewinn

Jedes börsennotierte Unternehmen ist dazu verpflichtet, einen Geschäfts- und Finanzbericht zu veröffentlichen. In Kapitel 5 haben wir dies am Beispiel der Finanzplattformen bereits kennengelernt (s. S. 76ff.). Sehen wir uns die wichtigsten Elemente noch einmal ab S. 114 an:

Gewinn- und Verlustrechnung	2014	2015
Zahlen in Mio.	EUR	EUR
Umsatz	80.401,00	92.175,00
Bruttoergebnis	17.005,00	18.132,00
Bruttomarge	21,15 %	19,67 %
EBIT	9.118,00	9.593,00
Ergebnis nach Steuern	5.817,00	6.396,00
Jahresüberschuss/-fehlbetrag in Mio.	5.798,00	6.369,00
Kennzahlen		
Aktien im Umlauf in Mio.	656,50	656,81
Ergebnis je Aktie	8,86	9,74
Dividende je Aktie	2,90	3,20
Buchwert je Aktie	57,03	65,11
KGV	10,20	8,00
KBV	1,58	1,20

2016	2017	2018
EUR	EUR	EUR
94.163,00	98.678,00	97.480,00
18.721,00	19.934,00	18.556,00
19,88 %	20,20 %	19,04 %
9.386,00	9.880,00	9.121,00
6.910,00	8.706,00	7.240,00
6.863,00	8.620,00	7.117,00
657,11	657,60	658,12
10,52	13,24	11,00
3,50	4,00	3,50
72,08	82,95	88,26
8,50	6,60	6,50
1,24	1,06	0,81

Bei dieser etwas simplifizierten Gewinn- & Verlustrechnung eines Unternehmens siehst du die Zahlen, die du als Investorin im Normalfall als erstes untersuchst. Die Bilanzanalyse selbst ist ein sehr umfangreiches und spannendes Thema. Ihr sind ganze Bücher gewidmet. So weit gehen wir hier natürlich nicht, aber ich möchte dir hier die absoluten Basics der Finanzkennzahlen-analyse vorstellen. Mit diesem Wissen kannst du dir einen initialen Überblick über die Geschäftszahlen eines Unternehmens verschaffen.

Der Umsatz

Wie viel an Produkten oder Dienstleistungen hat das Unternehmen im letzten Jahr oder Quartal (Jahresviertel) verkauft? Das zeigt dir der Umsatz. Möchtest du in ein Unternehmen investieren, so solltest du dir die Entwicklung des Umsatzes ansehen. Das ist ein guter Indikator für die Firmenwertentwicklung[97], denn er zeigt dir, wie sich das Geschäft des Unternehmens gerade entwickelt.

Für die nahe Zukunft geben Unternehmen manchmal einen Ausblick darauf. Man nennt dies auch oft Guidance. Analystinnen führen dazu ebenfalls Kalkulationen durch. Ist der tatsächlich ausgewiesene Umsatz besser als diese Guidance, so sorgt dies oft für sehr positive Börsenüberraschungen[98], also Kursanstiege.

Das Bruttoergebnis & die Marge

Vom Umsatz werden dann die direkten Herstellungskosten abgezogen und es bleibt das Bruttoergebnis. Daraus errechnet sich die Brutto-Marge. Sie sagt uns, wieviel Prozent des Bruttoergebnisses uns nach den Herstellungskosten bleiben und ist vor allem im Vergleich zum Vorjahr interessant. Daran zeigt sich z.B., ob das Unternehmen in diesem Jahr effizienter produzieren konnte. Besonders praktisch ist die Marge auch, wenn du zwei Unternehmen miteinander vergleichen möchtest.

Sagen wir einmal, du interessierst dich für Sportartikel-Aktien und weißt nicht, ob du eine Puma- oder eine Adidas-Aktien kaufen sollst. Beide stellen ungefähr die gleichen Produkte her, aber welche Aktie ist besser? Um herauszufinden, welches der beiden Unternehmen effizienter produziert, kann der Vergleich der Brutto-Marge dein erster Ansatzpunkt sein.

Das operative Ergebnis (EBIT)

Vom Bruttoergebnis werden alle operativen Kosten abgezogen. Dabei handelt es sich hauptsächlich um Personal-, Verwaltungs- und Vertriebskosten. Übrig bleibt das operative Ergebnis oder

Betriebsergebnis. Auf Englisch wird es als EBIT bezeichnet. Das steht für Earnings before interest and taxes, also Einkommen vor Zinsen und Steuern.

Das Betriebsergebnis zeigt uns quasi, was mit dem reinen Betrieb verdient wird. Das ist besonders interessant, wenn es positiv ist, aber der Jahresgewinn am Ende negativ. Es kann nämlich passieren, dass der reguläre Betrieb profitabel ist, aber das Unternehmen z. B. sehr hohe Finanzierungskosten oder ungewöhnliche Abschreibungen hatte. Findet man einen negativen Jahresgewinn am Ende der Gewinn- und Verlustrechnung, so sollte man sich auf jeden Fall ansehen, wie das operative Ergebnis aussieht. Sind beide negativ, so ist dies für gewöhnlich ein Warnzeichen. Es kann aber auch darauf deuten, dass es sich um ein Wachstumsunternehmen handelt, das sehr viel Geld für Marketing oder Forschung ausgibt und absichtlich rote Zahlen schreibt.

Mit dem EBIT kann man auch die EBIT-Marge berechnen, um den Vergleich zwischen zwei Aktien zu vertiefen.

Der Jahresgewinn

Dies ist der Gewinn, der am Ende übrigbleibt. Hier sind auch Zinsen, das Ergebnis aus Beteiligungen, außerordentliche Abschreibungen und Steuern bereits abgezogen. Wenn du dir ein Unternehmen ansiehst, so ist es natürlich sehr wichtig zu wissen, ob dieses Unternehmen am Ende des Tages überhaupt profitabel ist und wie sich der Gewinn mit der Zeit entwickelt hat.

Mit dem Jahresgewinn kann man einige sehr interessante Kennzahlen berechnen.

Die spannendsten Kennzahlen

Eine Kennzahl haben wir bereits kennengelernt, und zwar die Brutto-Marge. Kennzahlen stehen nicht direkt in der Gewinn- & Verlustrechnung, sondern werden auf deren Basis errechnet, um die finanzielle Situation des Unternehmens besser beurteilen zu können. Viele Finanzportale errechnen diese Kennzahlen auch, um es Investorinnen einfacher zu machen.

DAS KGV MACHT SCHLAU

Das Kurs-Gewinn-Verhältnis (auf Englisch price/earnings ratio oder P/E ratio), errechnet man, indem man den Kurs der Aktie durch den Jahresgewinn je Aktie teilt. Die Formel hierfür ist:

KGV = Kurs je Aktie / Gewinn je Aktie

Was sagt uns das? Es zeigt uns, wie viele Jahresgewinne im aktuellen Kurs stecken. So sagt es aus, wie hoch oder niedrig eine Aktie im Vergleich zum Gewinn des Unternehmens gerade vom Markt bewertet wird. Je niedriger das KGV, desto günstiger die Aktie. Günstigere Aktien entwickeln sich auf lange Sicht oft besser als solche, die bereits ein hohes KGV haben[99][100].

Aber was ist überhaupt ein niedriges KGV und somit eine günstige Aktie? Das kann man nicht pauschal sagen, sondern muss es im Vergleich betrachten. Das macht man, indem man das KGV einer Aktie mit den KGVs der Aktien in derselben Branche vergleicht. Dies nennt sich eine Peer Group Analyse.

DER BUCHWERT

Wahrscheinlich hast du bereits von Warren Buffett gehört, einem der berühmtesten Investoren aller Zeiten. Im Jahr 1962 stieg er zu einem Kurs von 7,50 Dollar erstmals bei Berkshire Hathaway ein. Er leitete das Unternehmen über Jahrzehnte und kaufte damit immer wieder Anteile von anderen börsennotierten Firmen. Während ich diesen Text schreibe, kostet eine Berkshire Hathaway Aktie 338.080,10 Dollar.

Wie hat er das nur gemacht? Sein Ansatz nennt sich Value Investing. Dies wurde durch den Investor Benjamin Graham popularisiert, und es geht dabei darum, möglichst günstige Aktien zu

kaufen. Das zuvor angesprochene niedrige KGV ist eines der Va-
lue-Investing-Kriterien, aber noch wichtiger ist Value-Investoren
das Kurs-Buchwert-Verhältnis. Hier teilt man den Kurs der Aktie
durch den bilanziellen Buchwert je Aktie. Diese Daten findet man
bei den Kennzahlen auf Finanzportalen oder im Finanzbericht
des Unternehmens. Ist der Kurs vergleichsweise niedrig, vielleicht sogar geringer als der Buchwert, so spricht man von einem
unterbewerteten Wertpapier, also einer günstigen Aktie.

Etwas Vorsicht ist geboten. Der Kurs kann nämlich auch unter
den Buchwert fallen, wenn das Unternehmen gerade in heftige
finanzielle Schwierigkeiten geraten ist.

Das Value Investing ist eine bereits seit langem bekannte Strategie, die über die Zeit hinweg auch gute Resultate lieferte[101],
nicht nur bei Warren Buffett. Daher macht es durchaus Sinn, neben dem KGV auch auf das Kurs-Buchwert-Verhältnis (auch KBV)
zu schauen.

Übrigens: Wer sich an Buffetts Berkshire Hathaway beteiligen
möchte und jetzt vielleicht denkt: „Schade, 338.000 Dollar für
eine Aktie überschreiten mein Budget um ein knappes
Bisschen.", für die gibt's gute Neuigkeiten. Seit 1996 gibt es
die Berkshire Hathaway Class B Aktien. Sie sind so etwas wie
eine Baby Berkshire mit geringerem Anteil und geringerem
Stimmrecht, aber dafür kosten sie aktuell nur 225,37 Dollar.

Die ultimative Kennzahlen-Kombi?

Das Kurs-Gewinn-Verhältnis (KGV) und das Kurs-Buchwert-Verhältnis (KBV) sind schon seit Jahrzehnten als praktische Kennzahlen für Investorinnen bekannt. Seitdem entwickelten sich
die Bilanzanalyse und die Strategien der Value-Investorinnen
natürlich weiter und dutzende Kennzahlen wurden berechnet.
Aber welche Kennzahlen sind nun die wichtigsten? Wie kann

man aus den Value-Aktien die zukünftigen Kurs-Gewinner und -Verlierer herausfiltern? Genau diese Frage hat sich auf Joseph Piotroski gestellt und in seiner Studie „Value Investing: The Use of Historical Financial Statement Information to Separate Winners from Losers"[102] untersucht. Piotroski hat getestet, welche neun Kennzahlen die wichtigsten Indikatoren für einen zukünftigen Kursanstieg sind. Hier sind sie:

RETURN ON ASSETS (ROA)

Dies ist die Kapitalrendite des Unternehmens und wird mit der folgenden Formel berechnet (die Daten dafür findet man jeweils im Finanzbericht des Unternehmens):

ROA = Jahresgewinn / Gesamtkapital

Ist diese Zahl positiv, so bekommt das Unternehmen +1 Punkt. Im Falle eines negativen Gewinns, also eines Verlustes, würde das Unternehmen einen negativen ROA aufweisen und bekäme keinen Punkt in dieser Kategorie.

OPERATIVER CASHFLOW

Diese Zahl kann man aus dem Finanzbericht des Unternehmens direkt ablesen. Ist der operative Cashflow positiv, so bekommt das Unternehmen +1 Punkt.

VERÄNDERUNG DES ROA

Ist der ROA höher als im Jahr zuvor, so bekommt das Unternehmen +1 Punkt.

ACCRUALS

Hier geht es um die Ansammlung von Cash im Unternehmen. Ist der operative Cashflow größer als der Jahresgewinn, bekommt das Unternehmen +1 Punkt.

VERSCHULDUNG/BILANZSUMME

Piotroski verwendet hierfür das Debt-to-asset-ratio, die Verschuldung im Vergleich zum Gesamtkapital (auch genannt Bilanzsumme). Hierfür kann folgende Formel verwendet werden:

V/B = Fremdkapital / Bilanzsumme

Ist der Wert kleiner als im Jahr zuvor, bekommt das Unternehmen +1 Punkt.

LIQUIDITÄT

Hier wird die Liquidität 3. Grades, das sogenannte Current Ratio angewandt. Es wird folgendermaßen berechnet:

Current Ratio = Umlaufvermögen / kurzfristige Verbindlichkeiten

Eine detaillierte Definition des Umlaufvermögens und der kurzfristigen Verbindlichkeiten findest du auch im Glossar. Ist das Current Ratio höher als im Jahr zuvor, bekommt das Unternehmen +1 Punkt.

ANZAHL DER AKTIEN

Ist die Anzahl der Aktien des Unternehmens nicht höher als im Vorjahr, so bekommt das Unternehmen +1 Punkt.

Die Anzahl der Aktien eines Unternehmens kann sich verändern, wenn das Unternehmen z.B. eine Kapitalerhöhung macht oder Aktien für ein Mitarbeiterbeteiligungsprogramm ausgibt.

MARGE

Ist die Bruttomarge, die wir bereits zuvor in diesem Kapitel kennengelernt haben, höher als im Jahr zuvor, so bekommt das Unternehmen +1 Punkt.

KAPITALUMSCHLAG

Diese Zahl misst, wie viel Umsatz für das eingesetzte Kapital generiert werden konnte. Ein Kapitalumschlag von 1,5 bedeutet also, dass für jeden Euro an Kapital, der eingesetzt wird 1,5 Euro Umsatz generiert werden. Die Formel hierfür ist:

Kapitalumschlag = Umsatz / Bilanzsumme

Ist der Kapitalumschlag höher als im Jahr zuvor, so bekommt das Unternehmen + 1 Punkt.

Diese neun Kennzahlen formen Piotroskis F-Score. Je höher, desto besser. Laut einer Studie konnte man in dem Beobachtungszeitraum von 1976 und 1996 eine Rendite von 23 % pro Jahr erzielen, wenn man die Aktien mit einer niedrigen F-Score leerverkaufte und die mit einer hohen F-Score kaufte.

Die F-Score auszurechnen ist etwas kompliziert, gerade wenn man Anfängerin beim Thema Bilanzanalyse ist. Zum Glück gibt es einige Online-Portale, z. B. Gurufocus, auf denen sie bereits berechnet wurde. Man muss nur mehr den Namen oder Ticker des Wertpapiers eingeben. Ein kurzer Blick auf die F-Score zahlt sich auf jeden Fall aus.

WAS IST EIN LEERVERKAUF ODER SHORT?

Ein Leerverkauf, auch Short genannt, ist das Setzen auf fallende Kurse. Ich verkaufe eine Aktie, um sie später günstiger zurückzukaufen und mache somit einen Gewinn. Aber wie kann ich eine Aktie, die ich nicht besitze, verkaufen? Abwicklungstechnisch gesehen geht dies auf zwei Arten, nämlich als „naked", also nicht gedeckter Short oder als „covered", also gedeckter Short. Sehen wir uns letzteres zuerst an.

Bei einem gedeckten Short borge ich mir die Aktien von jemand anderem aus, z. B. einem Fonds, der sie langfristig hält und nicht die Intention hat, sie bald zu verkaufen. Dann verkaufe ich die Aktie und kaufe sie später zurück. Danach gebe ich sie diesem Fonds wieder zurück. In der Zwischenzeit muss ich für das Ausborgen im Normalfall Zinsen zahlen. Das Ausborgen wird von den Brokern organisiert, d.h. als Privatinvestorin muss ich nicht extra jemanden finden, der mir die Aktien ausleiht.

Ein naked als ungedeckter Short läuft anders ab. Wenn ich eine Aktie über eine Börse verkaufe, dann wird diese Aktie im Hintergrund an die Börse geliefert. Am Ende des Handelstages führt die Börse dann das „Settlement" durch. Das ist die Verteilung der gehandelten Aktien an alle Banken und Brokerages, die die Aktien den Käuferkonten zuordnen. Da man die Aktien nicht sofort liefern muss, kann man z. B. eine Aktie um 9:45 Uhr verkaufen und um 11 Uhr zurückkaufen. Das wäre ein naked Short. Da dies die Märkte stark destabilisieren kann, wird diese Praktik an einigen Börsenplätzen zeitweise verboten.

WIE FINDE ICH MEINE TRAUM-AKTIE – UND WIE KAUFE ICH SIE?

Die ideale Aktie hat einen erfreulichen Newsflow, die Twitterati sind ihr gut gesinnt und die Analystinnen-Ratings sind positiv. Daneben verfügt die Aktie noch über starke Finanzdaten, idealerweise ein Umsatz- und Gewinnwachstum sowie ein niedriges KGV, ein geringes Kurs-Buchwert-Verhältnis und eine hohe F-Score.

Wie und wo findet man solche Aktien? Plattformen wie Yahoo! Finance oder Aktienfinder.net bieten sogenannte Stock Screener an. Dort kann man nach den verschiedensten Kriterien suchen, um Investment-Ideen zu generieren.

Meine erste Order

Wenn du dazu bereit bist, deine erste Aktie oder überhaupt dein erstes Wertpapier zu kaufen, gibst du einen Kaufauftrag, auch genannt Order, auf. Dabei wirst du merken, dass es verschiedene Ordertypen gibt.

Die einfachste Form der Order ist die Market Order. Hier wird dein Kauf- oder Verkaufspreis zur Börse geschickt und zum nächstmöglichen Preis ausgeführt. Der nächstmögliche Preis ist immer der niedrigste Angebotspreis. Dies siehst du am Orderbuch des Marktes, in dem alle Käuferinnen und Verkäuferinnen ihre Orders eingeben.

Hier ist ein beispielhaftes Orderbuch:

Käufer (auch „Geld" oder „Bid" genannt)	Anzahl	Preis (höchster Preis, den Käufer bieten)	Preis (niedrigster Preis, den Verkäufer bieten)	Anzahl	Verkäufer (auch „Ask" oder „Brief" genannt)
	50	42,45	42,50	100	
	30	42,40	42,53	200	
	200	42,38	42,55	30	
	20	42,35	42,57	45	

Käuferinnen und Verkäuferinnen stehen sich gegenüber und wollen natürlich das jeweilige Maximum für sich herausholen, d.h. die Käuferinnen wollen möglichst günstig kaufen und die Verkäuferinnen wollen möglichst teuer verkaufen.

Wenn du für dieses Wertpapier eine Kauforder als Market-Order aufgibst, würdest du das Wertpapier um 42,50 Euro bekommen, da dies der günstigste Verkäuferinnenpreis ist, der gerade angeboten wird.

Falls du jedoch nicht zum aktuellen Preis kaufen oder verkaufen willst, dann kannst du eine Limit Order verwenden. Bei dieser Art der Order gibst du einen Maximalpreis ein (oder einen Minimalpreis, wenn es sich um eine Verkaufsorder handelt). In diesem Beispiel könntest du eine Kauforder als Limit Order mit einem Limit, also Maximalpreis, von 42,45 Euro aufgeben und warten, bis sich eine Verkäuferin „erbarmt" und ihre Aktien doch günstiger als 42,50 Euro hergibt. So hast du 5 Cent pro Aktie gespart. Die Limit Order birgt neben dem Vorteil der Ersparnis natürlich das Risiko, dass der Markt in die andere Richtung wandert, keine Verkäuferin bereit ist, mit dem Preis hinunterzugehen und deine Order daher nicht ausgeführt wird.

GO, GO GRÜNE AKTIEN

Wie sieht es mit der Nachhaltigkeit aus? Woher weißt du, dass das Unternehmen, in das du investierst, auch auf den Planeten, die Umwelt und deren Mitarbeiterinnen achtet sowie ehrlich und transparent mit seinen Aktionärinnen kommuniziert? Betreffend dieser Themen hat sich in den letzten Jahren einiges getan. Während nachhaltige Investments in den 90er-Jahren noch als Randphänomen belächelt wurden und Ende der 2000er gerade 1 % des Anlagevolumens in Deutschland in derartige Produkte floss, konnte sich das Anlagevolumen bis 2017 knapp verzehnfachen und der Marktanteil verdreifachen[103]. Nachhaltige Investments liegen also glücklicherweise im Trend.

Gutes tun oder Geld verdienen?

Vielleicht denkst du: „Das ist ja alles gut und schön, aber ich bin hier um Geld zu verdienen und nicht, um die Welt zu retten." Der Glaubenssatz, dass nachhaltige Investments zwar „nett" sind, aber nur geringe Rendite aufweisen, ist weit verbreitet.

Im Mai 2012 fanden drei Forscher der Harvard Business School heraus, dass das nicht der Wahrheit entspricht[104]. Im Gegenteil: Unternehmen mit einem hohen Nachhaltigkeitsfokus performten signifikant besser als nicht nachhaltige. In der Studie wurde ausgerechnet, dass aus 1 Dollar, der 1993 in Aktien mit einem hohen Nachhaltigkeitswert investiert wurde, bis zum Jahr 2010 22,60 Dollar wurden. Im Vergleich dazu generierte ein Portfolio aus Aktien mit niedrigen Nachhaltigkeitswerten nur 15,40 Dollar. Eine Studie aus den Niederlanden[105] zeigte, dass Umweltbedenken sich schlecht auf die Fremdkapitalkosten und das Kreditrating von Firmen auswirken und Unternehmen mit vorausschauenden Umweltstrategien niedrige Finanzierungskosten haben. Das ist natürlich ein Wettbewerbsvorteil. Eine weitere Studie[106] zeigte, dass nachhaltige Aktien weniger volatil sind und somit geringere Risiken, aber trotzdem höhere Renditen aufweisen.

Fazit: Nachhaltige Investments machen nicht nur moralisch, sondern auch finanziell Sinn.

Woran erkenne ich nachhaltige Aktien?

Im Bereich der Nachhaltigkeit gibt es drei wichtige Begriffe, die du kennen solltest: SRI, ESG und SDG.

SRI steht für „socially responsible investment" und war einer der ersten Nachhaltigkeitsbegriffe in der Finanzindustrie. SRI ist relativ breit gefasst – es geht in erster Linie darum, Industrien mit negativen gesellschaftlichen Auswirkungen auszuschließen, z.B. die Rüstungs- oder Tabakindustrie, aber auch Alkohol, Pornographie, Glücksspiel oder genetisch modifizierte Organismen.

Finanzinformationsportale listen auf, in welchen dieser Industrien ein Unternehmen aktiv ist, was es für Investorinnen relativ einfach macht, es aufgrund dessen auszuschließen

ESG steht für das „environmental, social and governance"-Rating. Auf Basis dieser drei Kriterien werden Unternehmen evaluiert und erhalten eine Bewertung, die sie mit anderen vergleichbar macht.

Bei **E** wie „environmental" geht es darum, wie sehr das Unternehmen auf seinen ökologischen und CO_2-Fußabdruck achtet, ob es erneuerbare Energien verwendet, auf umweltschonende Technologien setzt oder Umweltskandale hinter sich hat.

Bei **S** wie „social" geht es um die Behandlung von Mitarbeiterinnen. Werden diese fair bezahlt? Gibt es eine hohe Fluktuationsrate? Gibt es genügend Sicherheitsmaßnahmen sowie Strategien, um Diskriminierung oder sexueller Belästigung entgegenzuwirken? Achtet das Unternehmen auf Diversität?

Beim letzten Punkt, **G** wie „governance", geht es um die Transparenz und Mitbestimmung der Aktionärinnen. Hierbei geht es darum, ob wichtige Funktionen im Unternehmen ausreichend personell getrennt sind, wie es mit dem Stimmrecht der Aktionärinnen aussieht und ob die Bezahlung des Managements angebracht ist.

All diese Kriterien zu beobachten ist natürlich jede Menge Arbeit. Daher sind einige spezialisierte Rating-Agenturen für das Thema Nachhaltigkeit entstanden. Sie lesen die Corporate Social Responsibility Reports der Firmen und beobachten alle relevanten Neuigkeiten und Entwicklungen des Unternehmens, die das Thema Nachhaltigkeit betreffen. Das sind Unternehmen wie Sustainalytics, RobecoSAM, ISS Ökonom, aber auch bereits seit langem bekannte Finanzdatenfirmen wie z.B. MSCI. Klassische Rating-Agenturen wie S&P, Fitch und Moody's steigen nun auch in dieses Geschäft ein.

Einige Portale, wie z.B. Yahoo! Finance, zeigen bereits die ESG-Ratings einer Aktie im Unternehmensprofil an. Sind diese Daten auf den Finanzplattformen nicht ersichtlich, so findet man sie gewöhnlich auf der Investor-Relations-Seite des Unternehmens selbst.

IST MEIN UNTERNEHMEN EINE SKANDALNUDEL?
Yahoo! Finance zeigt neben dem gewöhnlichen ESG-Rating auch einen Kontroversen-Index an. Dieser besagt, in wie viele Kontroversen oder Skandale das Unternehmen in der letzten Zeit verwickelt war und vergleicht diesen Wert mit dem anderer Unternehmen in derselben Branche.

Nun fehlt uns noch ein letzter Nachhaltigkeitsbegriff: **SDG.** Das steht für „sustainable development goals". Damit sind die langfristigen, nachhaltigen Entwicklungsziele der UNO gemeint, die 2015 gesetzt wurden. Hier geht es darum, bis zum Jahr 2030 siebzehn Ziele zu erreichen, um die Welt lebenswerter zu gestalten[107]. Diese umfassen unter anderem: die Eliminierung von Armut und Hunger, gute Gesundheitssysteme und Ausbildungsstätten, Zugang zu sauberem Wasser und sauberer Energie, Linderung von Geschlechter- und wirtschaftlicher Ungleichheit, nachhaltige Städte und Gemeinden, verantwortungsvolle Produktionsketten und nachhaltigen Konsum, den Schutz von Klima, Meeres- und Landlebewesen, Wachstum und Innovation und den Aufbau von Gerichten und staatlichen Institutionen.

Den Begriff SDG findet man aktuell eher bei Fonds und ETFs als bei Einzelaktien. Da SDG eine relativ neue Zielsetzung ist, gibt es noch wenig Rating-Daten dazu. Einige ETF-Anbieter nehmen solche Unternehmen in ihre SDG-Portfolios, deren Umsatz zu einem signifikanten Teil aus SDG-fördernden Aktivitäten wie z.B. Wasserrecycling, nachhaltigem Städtebau oder erneuerbaren

Energien besteht. Möchte man sich selbst ein SDG-Portfolio zusammenstellen, so ist momentan noch etwas Recherche über die Aktivitäten des Unternehmens nötig.

AKTIEN UND AKTIVISMUS

Wenn wir schon bei hoch gesteckten Zielen sind, dann ist es naheliegend, ein Thema anzusprechen, das die meisten Aktionärinnen oft vergessen. Wer eine Aktie kauft, ist nicht nur am Unternehmen beteiligt und partizipiert an der Dividende und der Kursentwicklung, sondern hat auch eine Stimme. Diese nutzen die wenigsten. Frauen nutzen sie so gut wie gar nicht. Das ist wirklich schade.

Zum Hintergrund: Einmal pro Jahr findet eine Aktionärsversammlung statt, auch Hauptversammlung genannt. Dort laden Aufsichtsrat und Vorstand alle Aktionärinnen ein, Ergebnisse werden präsentiert, Abstimmungen werden abgehalten und manchmal werden neue Aufsichtsrätinnen gewählt. Aktionärinnen haben das Recht, Fragen zu stellen und Anträge einzubringen, über die abgestimmt wird. Diese Instrumente sind dazu da, um auch Minderheitsaktionärinnen die Chance zu geben, zu ihrem Recht zu kommen. Benimmt sich ein Unternehmen unfair gegenüber seinen Aktionärinnen oder unethisch, so kann man als Anteilseignerin dagegen ankämpfen. Typische Beispiele für ein solches Verhalten sind hohe Management-Boni trotz einer schlechten Performance des Unternehmens, schlechte Großgeschäfte wie Übernahmen oder Verkäufe von Geschäftssparten.

AUFSICHTSRAT UND VORSTAND

Was sind eigentlich die Aufgaben des Aufsichtsrats und Vorstands und wie unterscheiden sie sich? Der Vorstand ist für die operative Leitung des Unternehmens zuständig. Der Vorstand wird vom Aufsichtsrat bestimmt. Der Aufsichtsrat ist auch das Kontrollorgan des Vorstands. Die Aufsichtsräte werden von den Aktionärinnen auf der Hauptversammlung vorgeschlagen und gewählt.

Normalerweise ist der Aufsichtsrat – der aus gewählten Aktionärsvertreterinnen besteht – dafür da, unerwünschtes Verhalten des Managements einzudämmen. Der Aufsichtsrat ist ebenfalls eine Kontrollinstanz, damit das Management nicht macht, was es gerade will. Große, nicht alltägliche Geschäfte müssen vom Aufsichtsrat genehmigt werden, ehe sie das Management durchführen darf. Diese Grenzen hängen von der Satzung, also dem Gesellschaftsvertrag der AG, sowie dem lokalen Gesellschaftsrecht ab. Besonders große Geschäfte müssen von der Hauptversammlung genehmigt werden.

Der Aufsichtsrat hält also das Management gewissermaßen in Schach. Das passiert jedoch nicht immer. Im deutschsprachigen Raum sind Aufsichtsräte und Vorstände sehr oft untereinander eng vernetzt. Es gibt Unternehmen, da ist zum Beispiel eine Person Vorstand und ihre ehemalige Studienkollegin Aufsichtsrätin. Sie selbst ist Vorständin in einem anderen Unternehmen. In dem ist dafür die andere wieder Aufsichtsrat. Sie „kontrollieren" sich also gegenseitig. Dass diese Art der Kontrolle nicht ideal ist, ist nicht nur naheliegend, sondern mittlerweile auch wissenschaftlich erforscht.

Das geht vielen Aktionärinnen mächtig auf den Keks, denn die Menschen, die eigentlich in den Aufsichtsrat gewählt werden, um das Management zu kontrollieren, fassen es manchmal mit Samthandschuhen an.

Um diese Netzwerke aufzubrechen und ein nicht so berauschendes Management zu einer besseren Leistung zu bewegen, engagieren sich manchmal aktivistische Investorinnen. Vielleicht hast du den Film „Wall Street" bereits gesehen? In der „Greed is Good"-Rede von Michael Douglas alias Gordon Gekko geht es genau darum. Er möchte das überbezahlte Management zum Vorteil der Aktionärinnen absetzen.

Im realen Leben ist der Aktivismus etwas weniger theatralisch, dafür nicht weniger spektakulär. In Europa ist er leider weniger verbreitet als in den USA, und Frauen nehmen kaum daran teil. Dennoch gibt es einige interessante Beispiele. Das spektakulärste ist wohl Royal Dutch Shell. Eine Aktivistinnen-Gruppe hatte damit begonnen, im Jahr 2017 Anträge einzubringen, in denen gefordert wurde, dass Shell bis 2050 klimaneutraler wird. Der Antrag wurde eingebracht und abgeschmettert. Nur ca. 6 % der Aktionärinnen stimmten dafür. 2018 wurde der Antrag erneut eingebracht. Das Resultat war ähnlich. Was für eine Niederlage, oder?

Nicht ganz. Das Management von Shell wusste, dass die Aktivistinnen, wenn es sein musste, Jahr für Jahr wiederkommen und mit der Zeit mehr Aktionärinnen von ihren Zielen überzeugen würden. Also setzte sich Shell selbst ambitionierte Klimaziele. Und das war noch nicht alles. Das Unternehmen beschloss außerdem, die Management-Boni an die Erreichung dieser Klimaziele zu knüpfen. Dieses Programm von Shell empfanden die Aktivistinnen sogar als so fortschrittlich, dass sie für das Jahr 2019 ihren Antrag nicht erneut einbringen wollten. Aktivismus ist also keine verschwendete Liebesmüh. Vielleicht steckt ja auch in dir eine kleine Aktivistin!

STOCK-PICKING: JA ODER NEIN?

Aktien werden hier nicht umsonst als Königinnen-Disziplin bezeichnet. Wie wir gesehen haben, weisen sie teilweise tolle Rendite auf und bieten einige attraktive Möglichkeiten, inklusive sich aktivistisch zu engagieren. Sich die idealen Aktien auszusuchen und sich im Detail mit den Unternehmen auseinanderzusetzen, macht Spaß. Außerdem lernt man dabei sehr viel. Beschäftigt man sich mit Unternehmen, so liest man plötzlich z.B. über neueste Technologien, Umweltthemen, Familienzwiste, politische Entwicklungen und verrückte Manager. Sich mit Aktien zu beschäftigen ist ein lebenslanges, spannendes und oft sehr lukratives Hobby.

Ein Wort der Warnung ist dennoch angebracht. Die Suche nach den besten Aktien – das sogenannte Stock-Picking – hat auch große Nachteile. Es ist einerseits zeitaufwändig und besonders für Anfängerinnen relativ risikoreich. Alle Informationen und Strategien, die man zur Verfügung hat, können schnell den Anschein erwecken, dass man den Markt schlagen kann. Dies ist jedoch äußerst schwierig. Selbst die Profis sind nicht sonderlich gut darin.

Ob sich Stock-Picking lohnt, also ob Fondsmanager ihr Geld wert sind, war über lange Zeit eine hitzige Diskussion in der Wissenschaft[108], in der die verschiedenen Fraktionen sogar über Berechnungsmethoden stritten. Eine berühmte Studie[109] aus dem Jahr 2005 zeigte, dass 90 % der US-Aktienfonds, die sich auf große Unternehmen spezialisieren, über einen Zeitraum von 20 Jahren den Vergleichsindex S&P 500 nicht schlagen konnten. Eine Studie[110] aus dem Wachstumsmarkt China fand sogar heraus, dass es in der Zeit von 2002 bis 2013 gar kein Fonds geschafft hatte, den Markt zu schlagen. Als Investorin bedeutet dies, dass ich im Regelfall damit besser dran bin, in einen Gesamtindex zu investieren als mir einzelne Aktien herauszusuchen.

WANN KANN STOCK-PICKING FUNKTIONIEREN?

Ganz so schlimm ist es dann doch nicht. Eine Studie[111] aus dem Jahr 2012 berechnete, dass US- und kanadische Pensionsfonds die von ihnen selbst gewählten Vergleichsindizes im Durchschnitt schlagen. Das ist teilweise auf präzise Aktienauswahl, also Stock-Picking, zurückzuführen. Diese Pensionsfonds sind jedoch breiter aufgestellt und können auch in andere Wertpapiere als Aktien investieren, womit der Vergleich nicht ganz präzise ist. Für Hedgefonds gilt das Gleiche[112]. Bei ihnen konnte ebenfalls ein positiver Stock-Picking-Effekt nachgewiesen werden. Jedoch sind auch sie flexibler als gewöhnliche Aktienfonds.

Es ist also naheliegend, dass Stock-Picking dann funktioniert, wenn man nicht gezwungen ist, das ganze Portfolio in Aktien zu investieren, sondern sich einfach die besten herauspicken kann und den Rest des Geldes in andere Wertpapierarten steckt.

Als Privatinvestorin und besonders als Anfängerin macht es Sinn, sich an das Thema Einzelaktien Schritt für Schritt anzunähern, wenn überhaupt. Neben den bereits besprochenen Faktoren gibt es bei Aktien noch andere Risiken, die wir in Kapitel 12 – Risikomanagement (s. S. 203ff.) näher kennenlernen.

Es ist daher genauso legitim, lieber in diversifizierte Aktien-ETFs zu investieren und das Thema Einzelaktien und Stock-Picking insgesamt zu lassen. ETFs selbst lernen wir im Kapitel 8 (s. S. 147ff.) kennen. Zuvor sehen wir uns noch eine spezielle Aktiensorte an.

DIE WICHTIGSTEN LERNZIELE!

1. Wirtschaftsdaten wie die industrielle Produktion, die Inflation, die Zinslandschaft, der Wechselkurs und der Ölpreis haben einen Einfluss auf die Entwicklung der Aktienmärkte.

2. Einzelne Aktien werden durch News, Meinungen und Analystenratings, aber auch durch ihre Fundamentaldaten beeinflusst.

3. Die Nachhaltigkeit von Aktien-Investments kann anhand der ESG-Daten eines Unternehmens bewertet werden.

4. Stock-Picking ist eine Kunst und will gelernt sein!

DIVIDENDEN
OHNE ENDE

Bis jetzt haben wir einiges über Anleihen und Aktien erfahren. Anleihen haben den Vorteil, dass sie reguläre Zinsen auszahlen. Aktien haben den Vorteil, dass man an der Wertentwicklung des Unternehmens teilhaben kann. Ganz ideal wäre es natürlich, wenn man beides haben könnte.

Willkommen im Kapitel der Dividendenaktien! Dividenden sind Gewinnausschüttungen. Jedes Jahr, nachdem das Unternehmen einen Gewinn geschrieben hat, wird vom Vorstand vorgeschlagen, wie viel davon an die Aktionärinnen ausgeschüttet wird. Dieser Vorschlag wird bei der Hauptversammlung abgesegnet. Einige Unternehmen zahlen keine Dividenden. Im Normalfall handelt es sich dabei um Wachstumsunternehmen, die den gesamten Jahresgewinn im nächsten Jahr ins Unternehmen re-investieren wollen, um noch größer zu werden.

Dann gibt es Unternehmen, die gelegentlich eine Dividende zahlen. Mal läuft es mit den Gewinnen gut und es stehen keine größeren Investitionen oder Expansionen an, also wird eine Dividende gezahlt. Im nächsten Jahr dann vielleicht nicht.

Außerdem gibt es die sogenannten Dividenden-Aristokraten. Das sind Unternehmen, deren Ziel es ist, jedes Jahr eine Dividende zu zahlen. Manche gehen sogar noch weiter und setzen sich das Ziel, diese nicht nur zu zahlen, sondern auch Jahr für Jahr zu erhöhen. Unter ihnen finden sich Firmen, die bereits seit einem Vierteljahrhundert oder länger ihre Dividende konstant halten oder erhöhen konnten. Bei diesen Unternehmen handelt es sich oft um sogenannte Blue Chips, also große Unternehmen mit einem ausgereiften und stabilen Geschäftsmodell.

Dividendeninvestorin zu sein hat einige Vorteile. Du hast damit ein relativ gechilltes Leben. Du kaufst einmal eine Aktie und kassierst dann vielleicht sogar bis ans Lebensende Jahr für Jahr eine Dividende.

Europäische Aktien zahlen für gewöhnlich einmal pro Jahr Dividenden aus, die Dividendensaison ist für gewöhnlich Mai und Juni. Britische Aktien zahlen ihre Dividende meist halbjährlich aus. Am ungeduldigsten sind die Amerikanerinnen. Dort werden Dividenden normalerweise quartalsmäßig ausgezahlt.

Wenn man schon etwas älter ist und von seinen Investitionen leben möchte, ohne Monat für Monat Anteile verkaufen zu müssen, so sind diese häufigen Dividenden natürlich praktisch.

Neben dem Effekt, dass Dividendenaktien einen passiven Cashflow generieren, haben sie noch einen anderen Vorteil. Dadurch, dass man Jahr für Jahr oder öfter Geld aus dem Investment wieder zurückbekommt, mindert sich das Risiko. Die Aktie amortisiert sich, bezahlt sich mit der Zeit selbst. Zusätzlich bieten Dividendenaktien in gewissem Maße einen Inflationsschutz. Unternehmensgewinne reflektieren die Inflation oftmals, was sich auch in den Dividenden widerspiegelt.

Ein letzter Vorteil der Dividendenaktien: Als Investorin muss man sich vor einem Kursverfall nicht fürchten, sondern freut sich im Normalfall sogar darüber. Warum? Ganz einfach. Die Dividendenrendite eines Unternehmens berechnet sich folgendermaßen: Dividende je Aktie/Kurs. Sinkt der Kurs, so kann ich zu einer höheren Dividendenrendite einsteigen oder mehr Aktien nachkaufen.

Ein Beispiel:
OMGsogreat AG
Kurs: 70 Euro
Dividende: 2 Euro
Dividendenrendite: 2,86 %

Dann fällt der Kurs der fiktionalen OMGsogreat AG um 10 %, weil es einen marktweiten Abschwung gibt. Nun sieht die Dividendenrendite folgendermaßen aus:

Kurs: 63 Euro

Dividende: 2 Euro

Dividendenrendite: 3,17 %

Aus diesem Grund freuen sich Dividendeninvestorinnen immer dann, wenn es einen Crash gibt. Sie sehen das als günstige Möglichkeit, um zu hohen Dividendenrenditen einzusteigen. In extremen Crash-Situationen kann es nämlich durchaus passieren, dass einfach alle Aktien tendenziell von Investorinnen abverkauft werden, egal, ob es sich hierbei um solide Unternehmen handelt oder nicht. Wichtig ist hierbei natürlich, darauf zu achten, dass es sich um ein sehr solides Unternehmen handelt und der Kursrückgang mit höchster Wahrscheinlichkeit auf den Crash und nicht auf das Unternehmen selbst zurückzuführen ist.

Und wie sieht es mit den Nachteilen des Dividendenzahlens selbst aus?

Wenn Dividenden ausgezahlt werden, werden diese ja nicht weiter im Unternehmen investiert. Somit müsste das Unternehmen doch vergleichsweise weniger wachsen und die Kurse sich gemäßigter entwickeln, oder? Vergleicht man den amerikanischen S&P 500 Index mit seinem Dividenden-Pendant, dem S&P 500 Dividend Aristocrats Index[113], so schneidet letzterer innerhalb der letzten zehn Jahre besser ab. Der Dividendenindex hatte also eine bessere Performance und eine geringere Volatilität. Dieses Verhältnis hält jedoch nicht in allen Ländern. In Deutschland gibt es den DAX und den DivDAX. Hier schneidet der DivDAX jedoch im Zehn-Jahres-Vergleich schlechter ab. Ob Dividendenaktien generell stabiler sind und sich besser entwickeln, kommt also scheinbar darauf an, wo man sich befindet.

WIE FINDE ICH EINE GUTE DIVIDENDENAKTIE?

Es gibt einige Online-Portale, die sich dem Thema Dividendenaktien widmen und spezielle Filter dafür zur Verfügung stellen. Hat man einmal nach Dividendenzahlungen gefiltert, so sollte man bei den resultierenden Aktien folgendes beachten:

- Hat das Unternehmen ein solides Geschäftsmodell?
- Entwickeln sich Umsatz und Gewinn des Unternehmens gut? So gut, dass auch zukünftige Dividenden aus heutiger Sicht möglich scheinen?
- Hat das Unternehmen eine aktive Dividendenpolitik? Plant es eine konstante Dividendenentwicklung? Diese Information ist normalerweise auf der Investor-Relations-Seite des Unternehmens zu finden.
- Wie lange zahlt das Unternehmen bereits Dividenden und wie hat sich die Höhe der Dividenden entwickelt?
- Wie hoch ist die Auszahlungsquote (engl. Payout Ratio)? Hierunter versteht man den Prozentsatz des Gewinns, der als Dividende ausgezahlt wird. Ist die Auszahlungsquote sehr hoch, so ist das ein Zeichen, dass nicht viel in das zukünftige Wachstum des Unternehmens investiert wird, was sich negativ auf zukünftige Dividenden auswirken kann. Hier gibt es jedoch Ausnahmen, wie z. B. REITs, die wir später kennenlernen werden.

Die Dividendenpolitik eines Unternehmens ist nicht langfristig verpflichtend. Als Aktionärin läuft man also immer das Risiko, dass das Unternehmen sich eines Tages entscheidet, keine Dividenden mehr zu zahlen. Das ist ärgerlich. In so einer Situation ist es natürlich ideal, wenn das Unternehmen viele andere Aktionärinnen hat, die ein sehr hohes Interesse an fortlaufenden

Dividenden haben und daher viel Druck auf das Unternehmen ausüben.

Manchmal hat man ein Mutter- und ein Tochterunternehmen, die beide separat börsennotiert sind. Das Mutterunternehmen sorgt oft dafür, dass die Dividende brav und kontinuierlich gezahlt wird. Beispiele hierfür sind die Telefonica Deutschland Holding AG, ein Tochterunternehmen der spanischen Telefonica S.A., der Tabak-Konzern Philip Morris Inc. und sein tschechisches Tochterunternehmen Philip Morris CR a.s. oder die französische Bank Societe Generale s.a. und das Tochterunternehmen Komercni banka a.s..

In anderen Fällen ist es der Staat. Bei einigen ehemals staatlichen Unternehmen, die privatisiert und an die Börse gebracht wurden, behielt der Staat einen signifikanten Anteil.

DER DIVIDENDENABSCHLAG

Als Dividendeninvestorin solltest du einige technische Begriffe kennen:

Nachweisstichtag/Record Date, Cum-Tag, Ex-Tag und Zahltag.

Um überhaupt für eine Dividende berechtigt zu sein, muss man die Aktie besitzen, und zwar bis zu einem gewissen Datum, genannt **Nachweisstichtag** oder **Record Date.**

An dem Tag, an dem die Dividenden ausgeschüttet werden, muss der Wert der Dividende an der Börse vom Kurs abgezogen werden. Man sollte sich also nicht über einen Kursverlust an dem Tag wundern. Das passiert automatisch und ist komplett logisch. Kostet eine Aktie 45,50 Euro und werden 30 Cent Dividenden je Aktie gezahlt, ist es logisch, dass die Aktie danach nur 45,20 Euro wert ist. Immerhin sind ja 30 Cent je Aktie aus der Gesellschaft abgeflossen. Dieser Tag nennt sich der **Ex-Tag.** Der **Zahltag** fällt gewöhnlich auf den gleichen Tag oder einen Tag später. Der Ex-Tag wird in Börsensystemen normalerweise mit „E",„Ex" oder „ED" angezeigt.

Bei Aktien in Deutschland ist das relativ einfach. Hier ist man – sofern in der Satzung der AG nicht anders vereinbart – dividendenberechtigt, wenn man die Aktie am Tag der Hauptversammlung besitzt, denn die Dividenden werden drei Tage danach ausgezahlt.

In Österreich ist es etwas komplizierter. Hier muss man die Aktie spätestens am **Cum-Tag** kaufen, das ist ein Tag vor dem Ex-Tag, an dem die Dividende vom Kurs abgezogen wird. Nach dem Ex-Tag kommt der Nachweisstichtag, an dem man die Aktie im Depot haben muss, um am Tag darauf, dem Zahltag, die Dividende zu erhalten. Grund für diese Komplexität sind die längeren Abwicklungszeiten von Börsengeschäften an der Wiener Börse.

In den USA, UK oder anderen Ländern kann die Abwicklung von Dividenden wieder leicht abweichen. Wie man als Aktionärin den Überblick behält? Auf der sicheren Seite ist man am ehesten dann, wenn man sich vorher informiert, indem man bei der Gesellschaft selbst, also bei deren Investor-Relations-Abteilung, anruft oder bei der Börse selbst, an der die Aktie gehandelt wird. So kann man sicher gehen, dass man die Aktie rechtzeitig vor der Dividende kauft.

CUM-EX- UND CUM-CUM-GESCHÄFTE

Wie du siehst, kann die Abwicklung von Dividenden relativ komplex sein. Hinzu kommt in vielen Ländern, dass Kapitalertragssteuern auf Dividenden automatisch abgezogen werden. Das wirst du auch in deinem Depot merken.

Unter gewissen Umständen, z. B. als Investorin, die aufgrund ihrer steuerlichen Ansässigkeit nicht verpflichtet ist, diese Steuer zu zahlen, kannst du dir diese Steuer wieder zurückholen. Diesen Umstand nutzten einige Steuerberaterinnen und Investorinnen mit krimineller Energie aus und erfanden die Cum-Ex- und Cum-Cum-Geschäfte, mit denen sie sich Steuerzahlungen zurückholten von Dividendenaktien, die sie eigentlich gar nicht besessen, sondern nur ausgeliehen oder gar ausgeliehen und sofort leerverkauft hatten. Die betroffenen Staaten wurden dadurch in Milliardenhöhe geschädigt. In Folge 12 des Investorella Podcasts geht es unter anderem um Cum-Ex-Geschäfte, falls du noch mehr zu dem Thema erfahren willst.

DIVIDENDEN IN BULLENMÄRKTE

Wie bereits erwähnt, wird am Ex-Tag der Wert der Dividende vom Kurs abgezogen. Das ist jedoch nicht immer so. In starken Bullenmärkten, also wenn die Konjunktur und damit die Börsen wirklich gut laufen, kann es sein, dass das nicht passiert. Logischerweise müsste die Aktie zu einem geringeren Kurs notieren, aber gute Nachrichten oder eine sehr große Nachfrage können das wieder kompensieren. In einer solchen Situation hat man als Investorin doppelt gewonnen. Dividendenaktien sind also nicht nur in schwierigen Börsenzeiten ein interessantes Investment.

DIVIDENDEN BIS ANS LEBENSENDE

Dividendenaktien haben einige Vorteile. In schlechten Marktphasen kann man sie günstig erwerben und in guten Phasen kann man sogar das Glück haben, eine Dividende zu kassieren, ohne den damit verbundenen Kursabschlag einstecken zu müssen. Dividendenaktien sind zudem ein sehr pflegeleichtes Investment. Man kauft sie einmal und kann sich dann zurücklehnen und vielleicht sogar über Jahrzehnte hinweg die Dividenden kassieren. Da man als Investorin ja primär genau daran interessiert ist, rutscht einem bei einem Kursverlust nicht gleich das Herz in die Hose.

Dies heißt jedoch natürlich nicht, dass Dividendenaktien absolut sicher sind. Anders als Zinsen bei Anleihen sind Dividenden nicht vertragsrechtlich für die Zukunft vereinbart. Dividenden können gekürzt werden. Auch bei großen soliden Unternehmen kann das Geschäftsmodell aufgrund technologischer und gesellschaftlicher Veränderungen unter Druck geraten und damit auch die Profitabilität und die Fähigkeit des Unternehmens, Dividenden zu zahlen.

Wer gerne in Dividenden investieren möchte, sich aber noch nicht ganz traut, einzelne Dividendenaktien zu kaufen, kann auf

Dividenden-ETFs zurückgreifen, die in ein diversifiziertes Portfolio von mehreren Dividendenaktien investieren. Nun wird es endlich Zeit, dass wir ETFs genauer kennenlernen.

DIE WICHTIGSTEN LERNZIELE!

1. Als Dividendenaktien gelten die Aktien von Unternehmen, die regulär eine Dividende auszahlen.

2. Dividendenaktien haben den Vorteil, dass sie Cash ausschütten und sich gut als passives Investment eignen.

3. Als Dividendenaktionärin kann man sich über einen Crash freuen, anstatt ihn zu fürchten, da man in einer solchen Situation solide Dividendenaktien mit einer höheren Rendite erwerben kann.

4. Um eine solide Dividendenaktie zu finden, sollte man auf ein stabiles, ausgereiftes Geschäftsmodell und eine dezidierte Dividendenpolitik achten.

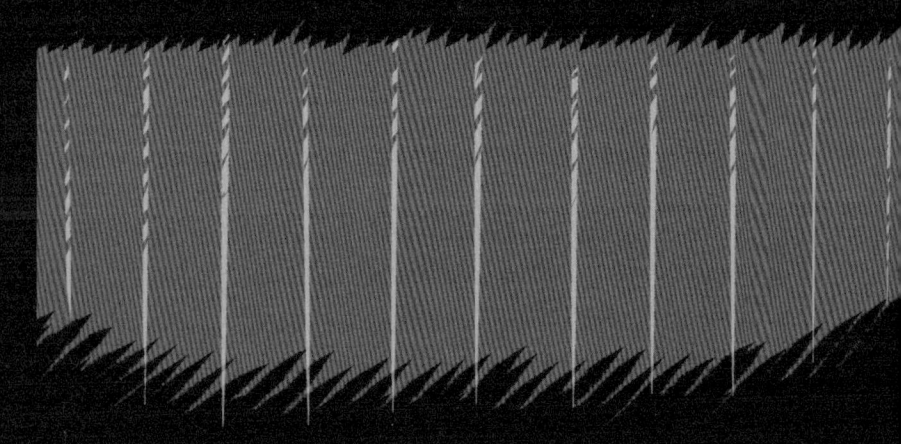

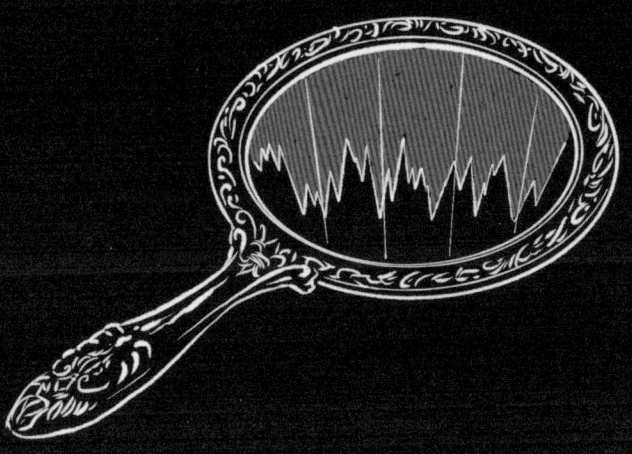

ETFs – BREIT GESTREUTE INVESTMENTS FÜR JEDERFRAU

Beginnen wir bei den absoluten Basics. ETFs sind eine spezielle Kategorie von Fonds. Fonds sind große Portfolios, die von Fondsmanagerinnen betreut werden. Sie legen bei der Gründung des Fonds fest, worin dieser investieren wird und treffen innerhalb dieses Rahmens individuelle Investmententscheidungen. Bei ETFs hingegen ist die Strategie von Anfang an fix, z. B. das Abbilden eines Index. Die Veränderungen im Fonds werden passiv laut Strategie und nicht aktiv aufgrund von Entscheidungen der Fondsmanagerin getätigt.

ETF steht für Exchange Traded Fund. Es handelt sich hierbei um börsengehandelte Fonds, die man an der Börse genau wie Aktien oder Anleihen erwerben kann. Früher, bevor ETFs so populär wurden, erwarb man Fondsanteile bei den Fondsgesellschaften. Meistens lief dies über Vermittler wie Banken oder Vermögensberater.

JACK UND DER ERSTE INDEX-FONDS

Die Erfindung von ETFs war eigentlich ein absoluter Zufall. Ein Unfall der Geschichte, wenn man so will. John Clifton „Jack" Bogle war in den 50er und 60er Jahren ein Fondsmanager und Geschäftsführer der Investmentgesellschaft Wellington. Mitte der 60er Jahre fusionierte Wellington mit einer anderen Investmentgesellschaft. Die Fusion lief aber nicht so, wie Bogle sich das vorgestellt hatte. Er wurde von seinen neuen Partnern gefeuert. Das brachte ihn in eine blöde Situation. Er war zwar nicht mehr Geschäftsführer der Investmentgesellschaft, jedoch immer noch der Manager der Fonds. Die Fonds selbst sind nämlich rechtlich von der Investmentgesellschaft unabhängige Unternehmen. Er war also Chef dieser Fonds, aber da er kein Mandat der Investmentgesellschaft mehr hatte, durfte er sie nicht mehr aktiv managen. Was also tun? Er startete den ersten ungemanagten Fonds, der einfach den S&P 500 Index kopierte, und nannte ihn Vanguard. Am Anfang wurde Bogle dafür ausgelacht. Es kam sogar noch schlimmer. Als der Fonds 1976 erstmals angeboten wurde, wurden damit 11 Millionen Dollar eingesammelt, nicht einmal 10 % der 150 Millionen Dollar, die man erwartet hatte. Bogle gab aber nicht auf. Sein kleiner Fonds wuchs schnell und Index-Fonds wurden immer populärer. Aus solchen Index-Fonds wurden später ETFs. Heutzutage ist Vanguard die zweitgrößte Vermögensverwaltung der Welt.

ETFs, von denen sehr viele Indexfonds sind, erfreuen sich einer immer größeren Beliebtheit und haben für Investorinnen einige Vorteile parat.

WARUM ETFs STATT FONDS?

Je nachdem, welche Studien und Zeiträume man betrachtet, schlagen zwischen 70 bis 90 %[114] der Fonds ihre Benchmark – also ihren direkten Vergleichsindex – nicht. Das wissen wir schon aus Kapitel 6, in dem wir die Risiken von Stock-Picking analysiert haben (s. S. 133f.). Möchte man also in Aktien einer gewissen Kategorie investieren, z.B. US-Aktien, so ist man mit einem Index-ETF sehr oft besser dran. Neben ihrem langfristigen Performance-Nachteil haben Fonds nämlich noch einen anderen, sehr schwerwiegenden Nachteil gegenüber ETFs.

Das Ungetüm Gebühren

Fonds haben im Regelfall wesentlich höhere Gebühren als ETFs. Die Unterschiede sehen wir uns gleich im Detail an. Was macht sie teurer? Die Verwaltungs- und vor allem die Vertriebs-gebühren. Der typische Aktienfonds, der Privatinvestorinnen in Deutschland bei Banken und Versicherungen angeboten wird, hat laut einer Studie der europäischen Kommission einen Aus-gabeaufschlag von 5 % und eine laufende Gebühr von 1,8 %[115]. In Österreich belief sich der Ausgabeaufschlag laut einer Studie der Finanzmarktaufsicht[116] durchschnittlich auf 4,33 % und die lau-fende Gebühr auf 1,73 %.

Die laufenden Kosten eines Fonds werden für die Gehälter der Fondsmanagerinnen, Transaktionskosten, Finanzinformationen, Verwaltung, Marketing und Wirtschaftsprüferinnen ausgegeben. Der Ausgabeaufschlag ist noch ein Relikt aus der Zeit, als es buchhalterisch und technisch für die Fondsgesellschaft wirklich viel Aufwand war, einen neuen Fondsanteil auszugeben und diese großzügige Vertriebsprovisionen zahlte. Heutzutage ist dies ein Datenbankeintrag. Dennoch wird der Ausgabeaufschlag sehr oft bei Einzahlung in den Fonds verrechnet, um Vertriebsprovisionen abzudecken.

Im Vergleich dazu schneiden ETFs wesentlich besser ab. Laut einer Studie der Europäischen Wertpapierbehörde ESMA belaufen sich die durchschnittlichen Kosten eines Aktien-ETFs in Europa auf 0,7-0,8 %[117]. Kauft man diese Online, so kommen im Schnitt noch 0,25-0,38 % Transaktionsgebühren hinzu[118].

Gebühren sind ein Rendite-fressendes Monster, das mit der Zeit bis zu 30 % eines Portfolios verschlingen kann. Kaum zu glauben? Ein kleiner Gebührenunterschied von 1 % oder 2 % kann doch nicht so viel Schaden anrichten, oder? Sehen wir uns einmal ein Beispiel an.

Belle und Estelle interessieren sich beide für eine breite, global diversifizierte Aktienstrategie. Belle investiert über ihre Hausbank in einen globalen Aktienfonds mit einer jährlichen Gebühr von 1,8 %. Dieser trägt einen Ausgabeaufschlag von 5 %.

Ihre Zwillingsschwester Estelle kauft sich einen global diversifizierten Aktien-ETF, der eine TER (total expense ratio, also Gesamtgebühr) von 0,75 % aufweist. Ausgabeaufschlag gibt es bei ETFs keinen, jedoch wird eine Transaktionsgebühr (0,32 %) fällig.

Beide haben gerade einen Bonus von 10.000 Euro bekommen, und wollen ihn auf 20 Jahre anlegen. Die global diversifizierte Aktien-Strategie läuft gut und bringt pro Jahr 7 % Rendite.

		Belle	Estelle	Perfor-mance
Kapital		10000	10000	7 %
Ausgabeaufschlag		5 %		
Transaktionsgebühr			0,32 %	
laufende Gebühr		1,80 %	0,75 %	
investiertes Kapital		9500	9968	
Jahre	5	12.240,59	13.497,48	
	10	15.771,79	18.276,68	
	15	20.321,68	24.748,11	
	20	26.184,15	33.510,95	
Differenz			7.326,81	
			27,98 %	

Wie man sieht, hat Estelle nach 20 Jahren ein um knapp 28 % größeres Portfolio. Der Gebührenunterschied von 1,05 % mag am Anfang nach wenig klingen, fällt aber auf lange Sicht ins Gewicht. Belle hat über 7.000 Euro weniger, aber dafür ein dickes Gebührenmonster herangefüttert.

Auch der Finanzdatenanbieter Morningstar bestätigte die Wichtigkeit von geringen Gebühren als bestimmenden Faktor von langfristiger Fonds-Performance[119]. Je günstiger die Fonds, desto besser die langfristige Wertentwicklung.

Unser Freund Jack Bogle formulierte es in einem Interview[120] folgendermaßen: „Der Manager nimmt die Hälfte deiner Dividenden, um sich selbst zu bezahlen." Bogles Vermögensverwaltung Vanguard ist daher für extrem geringe Gebühren bekannt. Deren ETF auf Basis seiner oben erwähnten Index-Kopie des US-Index S&P 500 hat eine laufende Gebühr von nur 0,03 %[121]!

30 % MEHR IN NUR ZWEI TAGEN

Gebühren sind also ein absoluter Renditekiller. Was nun? Wenn du bereits ein bestehendes Portfolio hast, in dem sich Fonds befinden, kannst du folgendes tun:

1. Beginne mit dem Fonds mit den höchsten Gebühren.
2. Sieh dir die Strategie des Fonds an.
3. Such dir auf Morningstar, justETF oder ETF.com mittels Suchmaschine ETFs, die eine gleiche oder ähnliche Strategie verfolgen.
4. Such dir aus der Liste dieser ETFs diejenigen mit den besten Rendite-Risiko-Profilen und den geringsten Gebühren aus.
5. Wenn du einen Mischfonds besitzt, der z. B. aus Aktien und Anleihenfonds besteht, kannst du dir auch zwei separate ETFs, also einen Aktien- und einen Anleihen-ETF zulegen.
6. Nachdem du dir den besten ETF ausgesucht hast, verkaufe den Fonds und kaufe mit dem Erlös den ETF.
7. Wiederhole den Tausch, bis die teuren Produkte in deinem Portfolio durch gebührenarme ersetzt wurden.
8. Diese ganze Aktion kann in ein bis zwei Tagen erledigt werden und – wie in dem vorhergehenden Beispiel gezeigt – über den Investmenthorizont von 20 Jahren Unterschiede im zweistelligen Prozentbereich ergeben.

Fonds sind im Vergleich zu ETFs also teuer. Heißt das nun, ich soll sie komplett ausschließen? Nicht ganz. Fonds, die nicht nur auf eine Asset-Klasse konzentriert sind und flexibler agieren können, schaffen es oft, ihren Vergleichsindex schlagen.

Der Grund, warum man Fonds nicht komplett streichen sollte, ist jedoch noch ein anderer: Es gibt gewisse Strategien, die per ETF nicht oder nur sehr schwierig abgebildet werden können. Mikrokredite wären ein solches Beispiel.

Ein weiterer Grund, um in Fonds zu investieren, sind steuerliche Vorteile. In Österreich haben Selbstständige einen Steuervorteil, wenn sie in gewisse Wertpapiere investieren. Darunter befinden sich Staats- oder Wohnbauanleihen und gewisse Fonds, jedoch (noch) keine ETFs.

WIE FINDE ICH DEN RICHTIGEN ETF FÜR MICH?

Die ETF-Welt ist riesig. Allein in der EU sind zu Beginn des Jahres 2020 circa 1.700[122] ETFs zum Handel zugelassen. Wie entscheidest du also, in welchen ETF du investieren möchtest? Wir wissen bereits, dass Gebühren ein wichtiges Entscheidungskriterium sind. Was sind die anderen Faktoren, auf die du als Investorin achten solltest? Was bedeuten eigentlich all die Daten, die bei den ETFs auf der Kursseite oder dem Factsheet stehen? Und womit beginnst du? Sehen wir es uns im Detail an.

Die Asset-Klasse

Dies ist normalerweise der erste Schritt. Du entscheidest dich, ob du dir einen Aktien-, Anleihen- oder Rohstoff-ETF zulegen möchtest (für Letzteren siehe Kapitel 12 – Alternative Investments, S. 189ff.). Sobald du dich für eine der drei Asset-Klassen entschieden hast, gehst du zum nächsten Schritt über.

Thema oder Region

Als nächstes suchst du dir entweder ein Thema oder eine Region aus. Die regionale Frage ist relativ einfach. Möchtest du einen europäischen ETF, einen mit US-Wertpapieren oder einen, der sich auf Wachstumsmärkte konzentriert? Du kann dich auch auf ein einzelnes Land fokussieren.

Vielleicht interessierst du dich nicht unbedingt für eine gewisse Region, sondern eher für ein Thema, das mit Wertpapieren aus aller Welt umgesetzt wird? Ein Thema kann z. B. eine Branche sein. Vielleicht interessierst du dich als Investorin für Luxus-Konzerne, Recycling-Unternehmen, Robotik-Firmen oder Technologiekonzerne. Ein Thema kann aber auch eine Strategie sein, z. B. ein Dividenden-ETF, ein nachhaltiger oder ein zinsgesicherter ETF.

Als Anfängerin hat man vielleicht noch nicht so viele Ideen. Was tun? Ein guter Ansatz ist es, sich verschiedene Finanzmedien durchzulesen. Die Börse Frankfurt stellt gratis als PDF das ETF-Magazin[123] zur Verfügung, das über die neusten Trends berichtet. Zudem hat die Börse Frankfurt eine gute ETF-Suche, die man zur Inspiration nutzen kann. Das Portal justETF.com bietet ebenfalls eine übersichtliche Suche nach Themen und Regionen als Startpunkt.

Die ETFs zur Auswahl

Nachdem du dich für ein Thema oder eine Region entschieden hast, geht es an die Auswahl. Gibst du deine Kriterien bei einer ETF-Suche ein, so kann es sein, dass mehrere dutzende Resultate erscheinen. Was nun? Eine Methode ist das Eliminierungsverfahren, bei dem so lange ETFs eliminiert werden, bis einer übrig bleibt. Quasi wie „Investorella sucht den ETF-Superstar".

SORTIERUNG NACH GEBÜHREN

Wir haben uns bereits am Anfang des Kapitels angesehen, wie wichtig Gebühren sind. Steht eine hohe Anzahl ähnlicher ETFs zur Auswahl, so kannst du damit beginnen, die teuersten auszuschließen.

AUSWAHL DER WÄHRUNG

In einigen ETF-Suchmaschinen wirst du ETFs finden, die in Fremdwährungen notieren. Als Anfängerin macht es Sinn, diese auszuschließen, denn um sie zu erwerben, brauchst du im Normalfall ein Fremdwährungskonto. Die meisten Online-Broker bieten diese zwar an, aber oft gibt es den gleichen ETF auch in Euro. Also ist der Erwerb in der Fremdwährung gar nicht nötig.

AUSSCHÜTTEND ODER THESAURIEREND?

Bei den Resultaten der ETF-Suche wirst du dich vielleicht manchmal fragen, warum ein ETF mit dem selben Namen doppelt vorkommt. Ist das ein Fehler? Nein. Manchmal steht hinter dem Namen des ETF einmal ein (A) und einmal ein (T). Diese beiden Buchstaben stehen für ausschüttend und thesaurierend, auf Englisch „accumulating" und „distributing" (manchmal Acc. und Dist. abgekürzt).

In fast allen ETFs fallen aufgrund der Wertpapiere Ausschüttungen an. Das sind bei Anleihen-ETFs Zinsen und bei Aktien-ETFs Dividenden oder Sonderausschüttungen. Dann stellt sich natürlich die Frage, was mit diesen Zahlungen passiert, wenn sie im ETF ankommen. Wie sollen diese Erträge verwendet werden?

Bei einem ausschüttenden ETF werden sie an die Investorin ausbezahlt (meist nicht sofort, sondern periodisch am Ende des Jahres oder Quartals). Bei einem thesaurierenden ETF wird dieses Geld behalten und auf Basis der ETF-Strategie re-investiert.

Nun, was ist besser? Keines der beiden. Die Ertragsverwendung ist eine Geschmacksfrage und kommt vor allem darauf an, in welcher Situation man sich befindet und welche Anlageziele man hat.

Ausschüttend ist besser, wenn man jedes Mal aufs Neue entscheiden möchte, worin man investiert. Wie wir bereits aus dem

Kapitel 8 über Dividendenaktien wissen, mindern Ausschüttungen auch das Risiko der jeweiligen Investments. In ausschüttende ETFs zu investieren eignet sich auch besonders dann, wenn man in ein großes Portfolio investiert und von den Erträgen dieses Portfolios bereits leben möchte.

Thesaurierende ETFs eignen sich besser, wenn man in der Vermögensbildungsphase steckt, denn so wird schneller Vermögen im ETF angesammelt und kann darin wachsen. Sie sind auch dann praktisch, wenn man als Anfängerin nur in einige wenige ETFs investiert und das automatisch tut, also per ETF-Sparplan. Dann muss man sich nicht jedes Mal nach einer Ausschüttung neu entscheiden und spart auch die Re-Investitions-Gebühren.

Nachdem du dich für eine der beiden Varianten entschieden hast, kannst du die jeweils andere Art von der Shortlist ausschließen.

Zusammenfassung der Resultate und Erstellen einer Shortlist

Nachdem aufgrund von hohen Gebühren und Fremdwährungen schon einige ETFs weggefallen sind und du dich für eine Ertragsverwendung entschieden hast, macht es Sinn, die restlichen Resultate für einen genauen Vergleich in einer Tabelle (z.B. Excel oder Google Sheets) zusammenzufassen. Beim Übertragen in die Tabelle kannst du außerdem eine weitere Sortierung durchführen. Es passiert gelegentlich, dass sich einige ETFs eingeschlichen haben, die gar nicht zu deinem Thema oder deiner gewünschten Region passen und das bereits am Namen erkennbar ist. Diese kannst du gleich unter den Tisch fallen lassen und nicht in die „Shortlist" aufnehmen. Sobald du deine Shortlist hast, geht's an die detaillierte Analyse.

Hol dir das Factsheet

Die bisherigen Schritte lassen sich sehr einfach auf den Resultateseiten von ETF-Suchen durchführen. Für die weiteren Schritte benötigst du das Factsheet. Das ist ein Datenblatt über den ETF, das alle wichtigen Basisdaten und Wertentwicklungskennzahlen enthält. Die meisten ETF-Suchmaschinen enthalten Links zum Factsheet oder zur Website des ETF-Anbieters, wo du es findest. Es ist sehr hilfreich, dir die Factsheets all der ETFs herunterzuladen, die du in die engere Wahl genommen hast, um dir einen Überblick zu verschaffen.

Factsheets folgen im Großen und Ganzen demselben Schema. Ein beispielhaftes (fiktives) Factsheet findest du auf den Seiten 158 bis 161:

BestETFs iShares MSCI All Country World Index

ISIN: IE 00Z6Y51359

Der ETF spiegelt den Weltmarkt wider, indem er den MSCI All Country World Index kopiert, in dem die weltweit größten Unternehmen der entwickelten Märkte sowie der Emerging Markets enthalten sind.

Stammdaten					
Anlageklasse	Aktien				
Basiswährung	USD				
Auflagedatum	26.3.2008				
Vergleichsindex (Benchmark)	MSCI ACWI Index				
Gesamtkostenquote (TER)	0,35 %				
Replikationsmethode	physisch				
Gewinnverwendung	thesaurierend				
AUM	176,5 Mio.				

Historische Jahresrenditen %	2009	2010	2011	2012	
ETF (Preis)	32,35	12,77	-7,85	16,78	
ETF (NAV)	35,23	12,31	-7,6	15,99	

Annualisierte Renditen %	Tag	1 Woche	1 Monat	3 Monate	
Rendite Preis	0	0,23	3,43	10,02	
Rendite NAV	0,16	0,34	3,52	8,93	

Performance Chart

2013	2014	2015	2016	2017	2018
22,35	3,82	-2,22	8,4	24,35	-9,12
22,91	4,64	-2,39	8,22	24,35	-9,15

YTD	1 Jahr	3 Jahre	5 Jahre	10 Jahre	Seit Auflage
0	26,58	12,67	8,68	8,86	6,13
26,7	26,7	12,7	8,62	8,88	6,18

159

Risiko- & Volatilitäts-kennzahlen in %				Top 10 Holdings	
	ETF			Apple Inc	
Alpha	3,09			Microsoft Corp	
Beta	0,94			Amazon.com Inc	
R2	89,85			Facebook Inc A	
Sharpe Ratio	0,96			JPMorgan Chase & Co	
Standardabweichung (Vola-tilität)	11,38			Alphabet Inc Class C	
Maximum Drawdown	-14,01			Alphabet Inc A	
				Johnson & Johnson	
ESG Breakdown (lower scores = lower risk)				Alibaba Group Holding Ltd Al	
Environmental	4,89			Visa Inc Class A	
Social	10,19				
Governance	8,79				

STIMMEN NAME UND STRATEGIE ÜBEREIN?

Wenn du dir die Factsheets kurz ansiehst, so solltest du dir auf jeden Fall den Paragraphen über die Strategie des ETFs durchlesen sowie die Liste der größten Wertpapierpositionen – um sicherzugehen, dass der ETF auch so investiert, wie du es dir anhand des Namens vorstellst. Gerade bei Themen-ETFs kann der Name manchmal von der tatsächlichen Strategie etwas abweichen. Anhand dessen kannst du vielleicht manche ETFs ausschließen.

ALTER DER ETFs

Weiter geht es mit dem K.O.-Verfahren. Eines der ersten und einfachsten Kriterien, nach denen du einige der ETFs auf der Shortlist ausschließen kannst, ist deren Alter. Dies siehst du am sogenannten „Listingdatum", am „Auflagedatum". Ist der ETF relativ jung, so gibt es keine langfristigen Daten, auf die du dich

% Portfolio-gewicht	1-Jahres-Rendite		
2,59	88,09		
2,25	57,12		
1,52	23,03		
0,96	56,57		
1	46,18		
0,84	29,1		
0,77	28,18		
0,76	15,94		
0,71	54,74		
0,64	43,21		

stützen kannst. Du weißt daher nicht, wie sich die Strategie in turbulenten Zeiten entwickelt hat.

Etwas anders ist es bei neu aufgelegten ETFs, die einen Index nachbilden, den es bereits sehr lange gibt. Da ETFs den Index meist sehr genau nachbilden, kannst du die Index-Wertentwicklung für die Analyse heranziehen. Die kleine Nachbildungs-Differenz zwischen Index und ETF nennt sich übrigens Tracking-Error.

Als Anfängerin ist es empfehlenswert, mit älteren ETFs zu starten. Idealerweise gibt es dein ETF schon länger als zehn Jahre. Sehr junge ETFs sind eher für erfahrene Investorinnen geeignet, die sich der Risiken sehr genau bewusst sind. Als Anfängerin kannst du also ETFs, die jünger als drei Jahre alt sind, von der Liste streichen.

Der älteste ETF ist der SPDR S&P 500 ETF Trust[124], der erstmals am 22. Januar 1993 an der Börse notierte. Er ist auch der weltweit größte, womit wir gleich beim nächsten Thema wären.

DIE GRÖßE DES ETFs

AUM – Assets under management ist das Gesamtvolumen, das aktuell in einem ETF investiert ist. Manchmal wird es auch als Fondsgröße bezeichnet. Die Höhe dieses Betrags deutet auf die Popularität des ETFs hin. Nun, was ist ein großer und was ist ein kleiner ETF? Der oben genannte SPDR S&P 500 ETF Trust hat ein Volumen von knapp 300 Milliarden Dollar und ist damit aktuell weltweit die Nummer 1. Als klein gilt ein ETF, wenn er weniger als 20 Millionen Euro beinhaltet. Kleine ETFs sind meist junge ETFs, es kann jedoch auch sein, dass ein ETF nur wenig AUM hat, weil er im Vergleich zu ähnlichen ETFs schlechter abschneidet. Vielleicht ist er teurer als andere ETFs, die denselben Index nachbilden. Vielleicht ist er ungenauer, also hat einen höheren Tracking-Error. Als Anfängerin sollte man sich daher eher an größere ETFs halten.

DIE PERFORMANCE

ETF-Factsheets zeigen dir stets die Wertentwicklungs-Grafik, auch Chart genannt. Manche ETF-Suchportale, z.B. justETF, bieten sogar Vergleichs-Charts an, auf denen man die Wertentwicklung verschiedener ETFs miteinander vergleichen kann. Das verschafft dir einen guten ersten Überblick, du solltest dich jedoch nicht zu sehr vom Chart allein beeinflussen lassen. Bei der Evaluierung der Performance oder Rendite zählt vor allem die durchschnittliche Performance über mehrere Jahre hinweg. Diese ist meistens tabellarisch aufgelistet. Besonders die langfristige Rendite dient als Indikator für die Profitabilität der Strategie. Man darf natürlich nicht vergessen, dass die vergangene Performance die Zukunft nicht voraussagen kann.

Bevor du ETFs wegen der Rendite von der Shortlist streicht, solltest du dir die dazugehörigen Risikodaten ansehen. Wählst du einen ETF rein auf Basis der Performance, so kann es passieren, dass du dabei ein sehr hohes Risiko eingehst.

DIE RISIKOKENNZAHLEN

Die wichtigste Risikokennzahl ist die Volatilität, die Schwankungsbreite der Kursentwicklung. Sie ist ein Indikator dafür, wie sehr die Kurse von der durchschnittlichen Entwicklung abweichen. Zu viel Volatilität ist nicht wünschenswert, denn man weiß als Investorin nicht, bei welchem Kurs man wieder aussteigt. Hat ein ETF eine Volatilität von 15 %, so ist es nicht überraschend, wenn der Kurs auch einmal um 14 % fällt.

Neben der Volatilität ist das „Maximum Drawdown", der maximale Wertverlust, eine weitere wichtige Kennzahl. Der Maximum Drawdown ist der Unterschied zwischen dem Höchst- und darauffolgenden Tiefststand einer Periode. Diese Zahl solltest du dir als Investorin vor Augen führen, um dich selbst zu fragen, ob du bereit wärst, einen solchen Wertverlust zu tolerieren.

DAS SHARPE RATIO

Nun kommen wir zur wichtigsten Kennzahl bei der Analyse eines ETFs, nämlich dem Sharpe Ratio. Es setzt die Performance in Relation zu dem dafür in Kauf genommenen Risiko.

Es wird folgendermaßen berechnet:

$$\textit{Sharpe Ratio} = (r_p - r_f) / \sigma_p$$

r_p stellt die Rendite des Portfolios (also des ETFs) dar, r_f den Fixzins und σ_p die Volatilität. Es zeigt an, wieviel Rendite ich für das in Kauf genommene Risiko bekomme. Das Sharpe Ratio macht zudem ETFs mit verschiedenen Renditen und Risiken vergleichbar. Es lässt sich also gut dazu verwenden, den idealen ETF innerhalb der Shortlist zu finden. Normalerweise steht es im Factsheet eines ETF, jedoch nicht immer. In einem solchen Fall kannst du es dir mit der vorhin beschriebenen Formel ausrechnen. Als Fixzins verwendest du am besten den Referenzzinssatz EURIBOR[125].

Was ist ein „gutes" Sharpe Ratio? Es sollte zumindest nicht negativ sein. In einer Studie[126] von über 900 Fonds lag das durchschnittliche Sharpe Ratio bei 0,51. Ein Sharpe Ratio darüber gilt also als überdurchschnittlich gut. Ein höherer Wert als 1 kam sehr selten vor.

NACHHALTIGKEIT

Neben der Rendite spielt natürlich die Nachhaltigkeit eine wichtige Rolle. Leider gibt es im europäischen Raum noch nicht durchgängig für alle ETFs Nachhaltigkeits-Ratings. Dies ist jedoch stark im Kommen. Die US-Plattform Morningstar z.B. hat diese Ratings schon. Habe ich einen internationalen ETF, also einen, der nicht nur in Europa, sondern auch in den USA gehandelt wird, so habe ich eine gute Chance, bei Morningstar fündig zu werden. Deren „Sustainability Rating" wird mit der Einschätzung von ein bis fünf Weltkugeln visualisiert, wobei 5 das bestmögliche Rating ist.

Manche ETFs haben ihr Nachhaltigkeitsrating im Factsheet vermerkt, andere sind speziell auf dieses Thema ausgerichtet. Sobald du die Shortlist deiner ETFs mit all deren finanziellen Kriterien hast, kannst du die Nachhaltigkeit noch als zusätzliches Kriterium hinzufügen.

Triff deine Wahl

Nun haben wir einige Kriterien für die ETF-Auswahl bestimmt. Du kannst dir nun aus deiner Liste den ETF aussuchen, der die optimale Kombination von Alter, Volumen, Gebühren, Sharpe Ratio und Nachhaltigkeit bietet.

Fassen wir das Ganze noch einmal zusammen zu einem kurzen

ETF-Leitfaden:

- Wähle eine Asset-Klasse.
- Entscheide dich für ein Thema oder eine Region.
- Starte die Suche.
- Eliminiere besonders teure ETFs.
- Entscheide dich für eine Währung.
- Entscheide dich für ausschüttend oder thesaurierend.
- Erstelle eine Shortlist.
- Hol dir die Factsheets.
- Checke die Strategie des ETFs.
- Sortiere nach Alter.
- Sortiere nach Größe.
- Sieh dir die Performance an.
- Analysiere das Risiko.
- Vergleiche mittels Sharpe Ratio.
- Hol dir die Nachhaltigkeitsdaten.
- Triff deine Wahl.

Voilá, nun hast du deinen Traum-ETF gefunden!

Zusätzliche Kriterien

Wenn du noch tiefer in die Materie eintauchen möchtest, dann gibt es auch folgende Zusatzkriterien, die du bedenken kannst:

DIE REPLIKATIONSMETHODE

Vielleicht ist dir bei den ETF-Suchresultaten das Stichwort „Replikationsmethode" aufgefallen. Manchmal wird dies auch „Art der Indexabbildung" genannt. Kopiert ein ETF einen Index, so gibt es verschiedene Möglichkeiten dies zu tun. Die Replikationsmethode ist die Art und Weise, wie die Vermögensverwaltung den ETF zusammenstellt, um den gewünschten Index oder die gewünschte Strategie so genau wie möglich abzubilden.

Eine Methode ist die physische, auch genannt volle Replikation. Hierbei kauft der ETF all die Aktien im Index in sein eigenes Portfolio, um den Index so genau wie möglich nachzubilden.

Eine weitere Option ist, dies mit einem oder mehreren Swap-Geschäften zu tun – auch synthetische oder indirekte Replikation genannt. Ein Swap ist im Prinzip ein finanzielles Tauschgeschäft, bei dem zwei verschiedene Zahlungsströme gegeneinander getauscht werden. Der ETF zahlt z.B. den EURIBOR an die Bank, mit der der Swap abgeschlossen wurde und die Bank zahlt dem ETF die Wertentwicklung des Index. Hier ist die Veranschaulichung der Zahlungsströme eines Swap-Geschäftes:

Quartal	1	2	3	4	
ETF				→	Bank
EURIBOR	-0,03	-0,25	-0,3	-0,15	
ETF	←				Bank
Index Per-formance	3,40 %	1,20 %	-0,80 %	1,10 %	

Dies hat für den ETF den Vorteil, dass es sehr einfach ist. Der Nachteil bei der swap-basierten Replikation ist das sogenannte Counterparty-Risiko. Das ist das Risiko, dass die Bank, mit der man den Swap eingeht, ausfällt. Wäre man als ETF-Anbieter im Jahr 2007 solche Swaps mit Lehman Brothers oder Bear Stearns eingegangen, so hätte man 2008 ein Problem gehabt. Diese beiden Banken fielen 2008 der Finanzkrise zum Opfer.

Es gibt vertragsrechtliche Schutzmechanismen, um eine Abwicklung von Swaps und anderen Derivaten im Konkursfall abzusichern. Diese nennen sich ISDA-Agreements und sind Standardverträge der International Swaps and Derivatives Association. Obwohl dies vertraglich geregelt ist, ist die Abwicklung im Konkursfall in der Praxis dennoch schwierig.

Die swap-basierte Replikation ist tendenziell günstiger als die physische. Sie ist auch nicht unbedingt schlechter. Als Investorin solltest du dir aber des Risikos bewusst sein.

DER EMITTENT

Es gibt verschiedene ETF-Anbieter, und als Investorin hast du vielleicht gewisse Anbieter lieber als andere. Das kann daran liegen, dass manche Anbieter transparenter oder günstiger sind als andere. Beim Lesen der Factsheets findet man bei einigen Anbietern alle benötigten Informationen übersichtlich aufbereitet. Bei anderen muss man eventuell das Sharpe Ratio selber nachrechnen. Das nervt natürlich. Ebenso gibt es Anbieter, die kleiner und neuer am Markt sind und dafür mit Innovation glänzen. Nach einiger Zeit als ETF-Investorin kristallisieren sich meist ein paar Lieblingsanbieter heraus.

STEUERLICHE BELANGE

Für welchen ETF man sich entscheidet, kann auch davon beeinflusst werden, wie dieser besteuert wird. Je nachdem, welchem rechtlichen Konstrukt der ETF unterliegt, kann das unterschiedlich ausfallen. Gewisse ETFs sind z.B. Riester-fähig (dies bezieht sich auf die deutsche Riester-Rente, mehr dazu in Kapitel 11 – Alternative Investments, s. S. 189f.), andere haben in Österreich Steuervorteile.

ETFs PER SPARPLAN

Hast du ein paar Traum-ETFs gefunden, so möchtest du meist nicht nur einmal in diese ETFs investieren, sondern vielleicht Monat für Monat, um so langfristig ein Portfolio aufzubauen. Dafür eignen sich Sparpläne, die von sehr vielen Online-Brokern angeboten werden. Diese automatisieren das monatliche Investment in die ausgesuchten ETFs.

Wenn du einen Sparplan einrichten möchtest, kannst du die ETF-Selektion auch auf Basis der ETFs treffen, die bei dem Online-Broker sparplanfähig sind und sie als Ausgangspunkt für die Shortlist verwenden.

DIE WICHTIGSTEN LERNZIELE!

1. Gebühren sind nicht zu unterschätzen und können mittel- und langfristig die Performance signifikant mindern.
2. Aufgrund der vergleichsweise hohen Gebühren von Fonds sind ETFs mit ähnlichen Strategien oft die bessere Wahl.
3. Um sich einen ETF auszusuchen, sollte man damit beginnen, eine Asset-Klasse zu wählen und sich dann auf eine Region oder ein Thema konzentrieren. Wie im Leitfaden beschrieben, kann man sich eine Liste der in Frage kommenden ETFs erstellen und sich denjenigen aussuchen, der die optimale Balance zwischen gewünschter Strategie, Gebühren, Performance, Risiko und Nachhaltigkeitswert bietet.

IMMOBILIEN – RENDITE AUS ZIEGELN UND ZEMENT

Das Thema Immobilien-Investments ist unheimlich spannend. Höchstwahrscheinlich hast du dich auch schon damit beschäftigt. Vielleicht lebst du zur Miete und hast dir die Frage gestellt, ob es nicht besser wäre zu kaufen. Vielleicht möchtest du schon lange eine Immobilie kaufen und fragst dich, wie du das finanzieren kannst.

IMMOBILIENAKTIEN

Es gibt einige börsennotierte Immobilienunternehmen mit verschiedensten Portfolios. Solche Aktien haben den Vorteil, dass man mit relativ geringem Kapital bereits ein diversifiziertes Immobilien-Investment tätigen kann. Du kannst dir die Aktie eines Immobilienunternehmens kaufen, das Einkaufszentren betreibt und dazu noch die Aktie eines anderen, das Mietwohnungen im Portfolio hat. Auf diese Art und Weise kannst du relativ einfach international diversifizieren und somit in asiatische, europäische oder amerikanische Immobilien investieren.

Aus der Sicht einer Investorin haben diese Immobilienaktien aber auch Nachteile. Manchmal gehen solche Unternehmen hohe Risiken bei der Expansion oder bei der Immobilienentwicklung ein. Geht bei einem großen Bauprojekt etwas schief, sind schnell einmal mehrere Millionen versenkt. Ärgerlich ist für Investorinnen natürlich auch, wenn ein Immobilienunternehmen zwar hohe Mieteinnahmen hat, aber nur geringe Dividenden ausschüttet und den Gewinn nicht so reinvestiert, wie man sich das als Aktionärin vorstellt.

Ein weiteres Risiko ist ein zu hoher Anteil an Fremdkapital. Sinken die Immobilienbewertungen aufgrund von Marktschwankungen, kommt das Immobilienunternehmen schnell in Bedrängnis und muss unter Umständen wertvolle Immobilien zur ungünstigsten Zeit verkaufen.

All diese Risiken waren Aktionärinnen schon immer ein Dorn im Auge, also dachten sie sich: „Es wäre doch schön, wenn es Immobilienaktien gäbe, die all die Vorteile von Immobilieninvestments haben, aber ohne die Nachteile einer normalen börsennotierten AG. Ideal wäre, wenn man schon mit wenig Kapital in verschiedene Portfolios investieren und diese Unternehmen dazu verpflichten könnte, die Mieteinnahmen als Dividenden auszuschütten. Dann sollten sie auch möglichst wenig spekulative Geschäfte betreiben und sich nicht mit Fremdkapital überlasten. Besonders traumhaft wäre es, wenn das Ganze dann auch noch einen Steuervorteil hat!" Die eierlegende Wollmilchsau der Immobilienaktien sozusagen. So wurde der REIT geboren.

REITs – BRAVE IMMOBILIEN-UNTERNEHMEN MIT HOHEN DIVIDENDEN

REIT steht für Real Estate Investment Trust. Sie wurden genau mit dem zuvor genannten Gedanken entwickelt. Es handelt sich dabei um börsennotierte Immobilienunternehmen, die in ein enges gesetzliches Korsett geschnürt sind. Ein deutscher REIT muss sich an Folgendes halten:

- 90 % des Jahresgewinns müssen an die Aktionärinnen ausgeschüttet werden.
- Der REIT muss mindestens 45 % Eigenkapital haben.
- Er darf nicht mit Immobilien handeln, also keine Preisspekulation betreiben, sondern muss Immobilien langfristig halten.
- Er darf nicht in Wohnimmobilien investieren.

- Dafür müssen REITs keine Körperschaftssteuer (Gewinn-steuer) und keine Gewerbesteuer zahlen.

Das macht REITs für Investorinnen sehr attraktiv. Immerhin haben sie die gleichen Vorteile wie Dividendenaktien (siehe Kapitel 8, S. 137ff.). Leider wissen die Wenigsten über diese Art Wertpapier Bescheid.

REITs gibt es natürlich nicht nur auf dem deutschen Markt. Weltweit haben mehr als 20 Länder ein REIT-Gesetz. Darunter sind die USA und die Niederlande (dort heißen sie FBI), die REITs schon seit den 60er Jahren haben. Auch in England, Frankreich (SIIC), Belgien (SICAFI und BE-REIT), Japan, Korea, Australien und Kanada gibt es REITs. Die Ausgestaltung der REITs kann von Land zu Land etwas variieren. In den USA z. B. gibt es nicht nur reguläre REITs, sondern auch Hypo-theken-REITs, die in Immobilienkredite investieren. Bevor du einen REIT kaufst, solltest du dich auf jeden Fall über das REIT-Gesetz des Landes informieren und was der REIT genau macht. Die europäische Immobilienvereinigung EPRA hat dazu eine umfassende Studie veröffentlicht, die die REIT-Gesetze weltweit vergleicht[127]. Dort ist so gut wie alles enthalten, was man über die verschiedenen Arten von REITs wissen muss. Umfassende Informationen zu amerikanischen und britischen REITs gibt es von der NaREIT[128] und der BPF[129].

Wenn du dich für REITs interessierst, jedoch noch kein Einzel-Investment in diesem Bereich wagen möchtest, dann kannst du dir REIT-ETFs ansehen. Achte besonders auf den Net-Asset-Value und, wie bei jedem anderen ETF auch, auf die Gebühren.

NAV – EINE BESONDERS WICHTIGE KENNZAHL

Sobald du dich mit REITs oder anderen Immobilienaktien beschäftigst, wirst du auf den Begriff NAV stoßen. Das steht für Net Asset Value, und damit ist der aktuelle Immobilienwert minus Fremdkapital, also den ausstehenden Krediten, gemeint. Börsennotierte Immobilienunternehmen und REITs sind dazu verpflichtet, ihre Immobilien zumindest einmal im Jahr von einem externen Prüfer per Gutachten bewerten zu lassen. Auf Basis des NAV wird dann auch der NAV pro Aktie errechnet.

Wenn du einen REIT kaufst, vergleiche immer den NAV/Aktie mit dem aktuellen Kurs. Daran erkennst du nämlich, ob ein REIT über- oder unterbewertet ist. Was bedeutet das? Liegt der NAV/Aktie bei 10 Euro und der Kurs bei 11 Euro, dann kaufst du Immobilienvermögen, das 10 Euro wert ist um 11 Euro. Das kann unter Umständen Sinn machen, besonders dann, wenn du als Investorin an ein Wachstum der Immobilienwerte glaubst. Das Ganze birgt natürlich das Risiko, dass der Kurs wieder in Richtung NAV zurückgeht, besonders wenn die Märkte etwas volatiler werden. Kracht der Markt, so ist es möglich, dass der Kurs plötzlich unter den NAV fällt. Dies kann eine gute Chance sein oder deutet eventuell darauf hin, dass Investorinnen einen Rückgang der Immobilienpreise erwarten. Ein sehr niedriger Kurs im Vergleich zum NAV in guten Zeiten kann auch darauf hindeuten, dass mit dem REIT etwas nicht stimmt. Weicht der Kurs vom NAV stark ab – egal in welche Richtung –, dann solltest du bei der Analyse sehr genau hinsehen.

IMMOBILIEN ALS ALTERSVORSORGE

Kommen wir zu physischen Immobilien. Der Kauf einer Immobilie als Investment hat einige Vorzüge. Einer davon ist, dass man bei Bedarf selbst darin wohnen kann. Ein weiterer ist, dass im Normalfall die Vermietung die Kreditrate deckt und sich somit eine Investitionswohnung über einen Zeitraum von 25 bis 30 Jahren großteils von selbst finanziert. Ist die Wohnung einmal abbezahlt, so wird die Miete zum zusätzlichen Einkommen neben der Rente. Steuerliche Aspekte sowie Erhaltungskosten und Renovierungen sind natürlich ebenfalls einzurechnen. Erwirbt man die Wohnung in einer aufstrebenden Gegend, so kann man auch stark vom Wertzuwachs profitieren.

Wie funktioniert ein Immobilieninvestment?

Will man eine Immobilie erwerben, so lautet die erste Frage, welche Immobilie man sich überhaupt leisten kann. Im Normalfall kauft man eine Immobilie nicht per Barzahlung, sondern finanziert sie mittels einer Hypothek. Um herauszufinden, welche Immobilien man sich preislich leisten kann, sollte man – am besten mit mehreren Banken oder mit Hilfe eines Kreditvermittlers – abklären, welche Finanzierungshöhe möglich wäre. Wie diese ausfällt, hängt von einigen Faktoren ab. Banken wünschen sich meist 20 bis 30 % Eigenkapital. Es gibt jedoch auch Banken, die viel weniger Eigenkapital akzeptieren, besonders dann, wenn man über ein gutes Einkommen verfügt.

Sobald man die ungefähre Kredithöhe kennt, sollte man mit sich selbst abklären, ob man sich die Rate für einen Kredit in dieser Höhe leisten möchte. Es kann nämlich durchaus sein, dass diese Kreditrate finanzielle Einschränkungen bedeuten würden, zu denen man nicht bereit ist. Steht die Höhe der möglichen Finanzierung fest, so kann man auf Immobilien-Shopping-Tour gehen.

Kommen wir zum zweiten Schritt: den Projektkosten. Beim Kauf einer Immobilie sind zwei Preiselemente zu bedenken: der Kaufpreis und die Nebenkosten. Die Nebenkosten setzen sich aus Dingen wie den Grunderwerbssteuern, Notars- und Vertragskosten, Grundbuchkosten sowie eventuell einem Maklerhonorar und Schätzungskosten zusammen. Steht eine Renovierung oder Sanierung an, so muss man diese Kosten ebenfalls einrechnen. Diese Elemente ergeben die Gesamtkosten des Investitionsprojekts. Hat man keine Renovierungskosten, so kann man mit ca. 10 % Nebenkosten rechnen.

Die Kriterien

Bei der Suche und Auswahl der Immobilie solltest du folgende Dinge bedenken:

- Wieviel Miete kannst du für diese Immobilie verlangen?
- Wo befindet sich die Immobilie und wie entwickelt sich die Gegend?

- Ist die Anbindung an den öffentlichen Verkehr gut?
- Wie sieht es mit der alltäglichen Infrastruktur aus: Geschäfte, Ärztinnen, Schulen, Naherholungsgebiete, Restaurants?
- In welchem Zustand befindet sich die Immobilie? Muss sie renoviert werden? Sind größere Sanierungsarbeiten, z.B. neue Leitungen oder eine neue Heizung notwendig? Wie alt sind die Geräte (dies sieht man z.B. an Prüfplaketten) und wurden sie regulär gewartet?
- Bei einer Wohnung: In welchem Zustand ist das Haus? Welche Instandhaltungen wurden in der letzten Zeit gemacht und welche stehen bald an? Wie sieht es mit dem Reparaturfonds (auch Instandhaltungsrücklage) des Hauses aus?
- Wie hoch sind die Betriebskosten (das Hausgeld) der Wohnung?
- Gibt es Mietpreis-Beschränkungen?
- Wie attraktiv ist die Wohnung? Ist sie praktisch geschnitten? Hat sie einen tollen Ausblick?
- Wie sieht es mit der Energieeffizienz der Wohnung aus?

Risiken und Warnzeichen

- Die Wohnung befindet sich in einer Gegend, die an Beliebtheit verliert.
- Die Immobilie ist in einem sehr schlechten Zustand und du kannst nicht wirklich beurteilen, wie hoch die Sanierungskosten sein werden.
- Die Betriebskosten sind ungewöhnlich hoch. Durchschnittswerte für jede Gegend lassen sich leicht googeln. Ein sehr hohes Hausgeld kann darauf hindeuten, dass noch ein Darlehen (z.B. für die Erneuerung der Fassade) offen ist, das abbezahlt wird. Es kann auch auf eine schlechte Hausverwaltung hindeuten.

- Die Instandhaltungsrücklage ist leer. Dies ist nur normal, wenn erst vor Kurzem eine größere Reparatur- oder Instandhaltungsmaßnahme umgesetzt wurde. Ist diese Rücklage leer oder nur sehr niedrig und das Haus in einem schlechten Zustand, so kann es sein, dass bald eine unumgängliche Reparatur anfällt. In einem solchen Fall muss dann ein Darlehen aufgenommen werden, was das Hausgeld empfindlich erhöhen kann. Daten zur Rücklage und den getätigten Maßnahmen kannst du bei der Maklerin oder der Verkäuferin erfragen.
- Das Angebot scheint zu gut, um wahr zu sein. Wird eine Immobilie überraschend günstig angeboten, solltest du besonders vorsichtig sein und den Grund dafür genau erfragen.
- Deine Fragen bleiben unbeantwortet. Wenn dir nicht alle Daten überreicht werden und nicht alle Fragen verständlich beantwortet, dann bohre auf jeden Fall so lange nach, bis dir alles klar ist.

Nachdem du eine Immobilie gefunden hast und den Kauf abgewickelt, ist der nächste Schritt die Vermietung. Hierbei ist wichtig, die Bonität deiner Mieterin genau zu prüfen. Bedenke ebenfalls Leerstände und die Kosten, die ein Mieterinnenwechsel verursacht. Nach einigen Jahren werden auch Renovierungen, wie z. B. eine neue Küche, anstehen. Es ist empfehlenswert, von den Mieteinnahmen einen Teil für zukünftige Investitionen in die Immobilie zur Seite zu legen. Bedenke bei der Vermietung auch alle relevanten steuerlichen Aspekte. Über diese informierst du dich am besten bei einer Steuerberaterin, da die Steuern sehr stark von deiner persönlichen Situation abhängen.

In jedem Fall gilt: Der Kauf der ersten Immobilie sollte eine wohlüberlegte Sache sein. Neben der Finanzierung, der Art und Ausstattung der Immobilie spielen auch steuerliche Aspekte eine wichtige Rolle. Als Anfängerin ist es empfehlenswert, sich Rat von erfahrenen Anlegerinnen und Expertinnen zu holen.

IMMOBILIENSTRATEGIEN ZUM ANHÖREN
Falls du Lust hast noch mehr über Immobilien-Investments zu erfahren, kannst du dir die Folgen zum Thema Immobilien des Investorella Podcasts anhören. Sie sind kostenlos auf iTunes, Spotify und sämtlichen Podcast-Apps zu finden.

DIE WICHTIGSTEN LERNZIELE!
1. REITs sind die besseren Immobilienaktien und eignen sich sehr gut, um mit wenig Kapital Immobilieninvestments zu streuen.
2. Der NAV ist die wichtigste Kennzahl bei Immobilienwertpapieren, weil er den Wert des Immobilienvermögen anzeigt.
3. Beim Kauf einer physischen Immobilie sollte man immer so lange nachfragen, bis man sicher ist, dass man alle relevanten Informationen hat.

PORTFOLIO-
MANAGEMENT

Die Portfoliotheorie beantwortet dir die Frage: „Wie teile ich mein Portfolio auf"? Dabei geht es prinzipiell darum, welchen Anteil deines Portfolios du in verschiedene Asset-Klassen investierst. Konkret: Wieviel Prozent Anleihen, Aktien, Gold oder Immobilien gebe ich in mein Portfolio?

Es gibt zahlreiche Bücher, oft von erfolgreichen und berühmten Hedgedonds-Managerinnen publiziert, die über deren persönlichen Investmentansatz berichten und ihre Portfoliostrategien vorstellen, oft mit einer beeindruckenden Performance.

WAS MAN WISSEN SOLLTE

Als Anfängerin liest man vielleicht eines dieser Bücher und denkt sich: „Wow, was für eine tolle Rendite. Dieses Portfolio möchte ich auch nachbauen!" Dann liest man vielleicht weitere Artikel oder Bücher, und schon hat man mehrere so genannte Asset-Allocation-Strategien am Tisch.

Bei so vielen verschiedenen Optionen kann einen schnell der Mut verlassen. Soll ich lieber in Ray Dalio's All Weather Portfolio[130] investieren oder doch in Kommer's Weltportfolio[131]? Beide wurden auf wissenschaftlicher Basis entwickelt und weisen eine gute Performance auf. Warum setze ich nicht auf die Portfoliostrategie von Jack Bogle[132] oder Warren Buffett[133], die damit seit über 50 Jahren erfolgreich sind?

PORTFOLIO-VERGLEICHE
Der Blog Portfolio-Einstein vergleicht über 300 verschiedene, in den USA beliebte Portfolios und verfolgt deren Performance seit 1989.
https://www.portfolioeinstein.com/investment-portfolios/

Im deutschsprachigen Raum gibt es einen ähnlichen Vergleich des Magazins extraETF: https://de.extraetf.com/etf-portfolio Dieser ist jedoch mit höchster Vorsicht zu genießen und sollte lediglich der Ideensammlung dienen, da die Datenreihen sehr kurz sind und keine Risikodaten angezeigt werden.

Als Anfängerin kommt einem all dies schnell wie ein Dschungel vor. Selbst wenn man eine simple Portfoliostrategie wählt.

SIMPEL, ABER KEINESFALLS DUMM

DER MARKOWITZ-WITZ

In seinem Buch „Gier" über Neuroökonomie erzählt der Autor Jason Zweig eine Anekdote von einem jungen Finanzmathematiker namens Harry Markowitz, der in den 50er Jahren eine wissenschaftliche Formel für die Portfolioaufteilung zwischen Anleihen und Aktien finden wollte. Er sah sich die Rendite/Risiko-Profile an und entwickelte auf deren Basis die moderne Portfoliotheorie, ein finanzmathematisches Konzept, das auch heute noch institutionellen Investorinnen als Basis für die Portfoliozusammenstellung dient. 1990 bekam er für seine Arbeit den Nobelpreis.

Sein eigenes Portfolio? Das legte er zu 50/50 in Aktien und Anleihen an, damit er sich nicht ärgern würde, wenn sich eine der beiden Asset-Klassen wesentlich besser entwickelt.

Diese kleine Story von Harry Markowitz veranschaulicht, dass eine komplexe Portfolioaufteilung für private Investorinnen nicht unbedingt nötig ist und sogar kontraproduktiv sein kann.

Es gibt sogar eine Studie zu dem Thema, die im Jahr 2007 einiges Aufsehen erregte. Victor DeMiguel ließ in seiner Studie[134] 14 moderne Portfoliostrategien gegen ein „naiv" diversifiziertes Portfolio antreten. Naive Diversifizierung bedeutet, dass in jede Asset-Klasse gleich viel investiert wird. Hat man 10 verschiedenen Wertpapiere, so steckt man 10 % des Portfolios in jedes.

Das Resultat von DeMiguels Portfoliostrategien-Vergleich war: Keine der 14 modernen Portfoliostrategien schaffte es, durchgehend die naive Diversifikation zu schlagen.

Noch eins drauf setzten die Finanzmathematiker Ran Duchin und Chaim Levy. Sie fanden in ihrer Studie namens „Markowitz Versus the Talmudic Portfolio Diversification Strategies"[135] heraus, dass die simple Portfoliodiversifikation wie z.B. die Talmud-Strategie sich vor allem für kleine Portfolios von Privatinvestorinnen besser eignet als die komplizierte Markowitz-Theorie.

Die gute Nachricht für Privatinvestorinnen lautet also: Niemand braucht komplizierte, hoch-mathematische Portfoliostrategien. Die simple Diversifizierung ist ausreichend.

Was ist das Talmud-Portfolio?

Das Talmud-Portfolio ist die älteste Investmentstrategie der Welt. Sie stammt, wie der Name schon sagt, aus dem Talmud. Dort steht sinngemäß geschrieben, dass man sich ein Drittel seines Geldes an die Hand binden soll, ein Drittel in der Erde vergraben und ein weiteres Drittel in Geschäfte investieren[136]. Auf moderne Verhältnisse umgemünzt bedeutet das: ein Drittel in Cash und liquide Zinsprodukte, ein Drittel in Immobilien und ein Drittel in Aktien. Diese Art von Portfolio ist für private Anlegerinnen relativ einfach nachzubauen. Man könnte dies schon mit drei ETFs oder drei ETF-Sparplänen tun.

Ein Portfolio für ganz Faule

Es geht noch simpler: Das vorhin erwähnte 50/50-Portfolio des Harry Markowitz besteht aus 50 % Anleihen und 50 % Aktien und ist auch als „Couch Potato"-Portfolio bekannt, weil es so simpel ist, dass man sich wirklich kaum darum kümmern muss. Die Stiftung Warentest nennt es das „Pantoffel-Portfolio" und hat es umfangreich getestet[137]. Sie taten das sogar mit verschiedenen Arten von Pantoffeln bzw. Hausschuhen, Schlapfen oder Patschen – also Portfolios, in denen der Aktienanteil wahlweise aus Wachstumsaktien, Emerging-Markets-Aktien, europäischen oder deutschen Aktien bestand. Der Anleihenanteil wurde immer mit Staatsanleihen gefüllt. Die Risiko-Renditen-Profile der Pantoffel-Strategien fielen akzeptabel aus. Die jährlichen Renditen der Portfolios beliefen sich zwischen 3,2 % und 5 % und die Sharpe Ratios zwischen 0,3 und 0,53.

Der große Vorteil eines solchen Pantoffel-Portfolios ist die schiere Einfachheit. Als Privatanlegerin kann man ein solches Portfolio bereits mit zwei ETF-Sparplänen darstellen. Um zu starten, könnte man sich einfach einen Sparplan für einen Staatsanleihen-ETF einrichten und einen weiteren Sparplan für einen Weltmarkt-ETF. Voilá. Schon hat man sein Portfolio. Dank Sparplänen kann man es sogar automatisch laufen lassen.

RE-BALANCING NICHT VERGESSEN

Unter Re-Balancing versteht man die Umschichtung von Wertpapieren, um die gewünschte Portfolioaufteilung wieder zu erreichen. Wenn ich ein Portfolio habe, das z. B. aus 50 % Anleihen und 50 % Aktien bestehen soll und sich die Aktien besser entwickeln, macht der Wert des Aktienanteils irgendwann 60 % aus. In einem solchen Fall würde man einen Teil der Aktien verkaufen und dafür Anleihen kaufen, um wieder auf die 50/50-Verteilung zu kommen.

WIE GEHE ICH NUN ALS PRIVATE INVESTORIN VOR?

Als blutige Anfängerin kann ich mit einem Pantoffel-Portfolio mit ETF-Sparplänen beginnen. Mit der Zeit kann ich weitere ETFs zu diesem Portfolio hinzufügen – immer noch mit der 50/50-Aufteilung zwischen Aktien und Anleihen als Ziel. Nachdem ich etwas Erfahrung gesammelt und mich zum Thema Börse weitergebildet habe, kann ich mich zu einem Talmud-Portfolio vorarbeiten. Wenn mein Portfolio dann stetig gewachsen ist und eine sechsstellige Summe erreicht hat, kann ich auf ein komplexeres Portfolio, wie z.B. ein All-Weather-Portfolio, umsteigen.

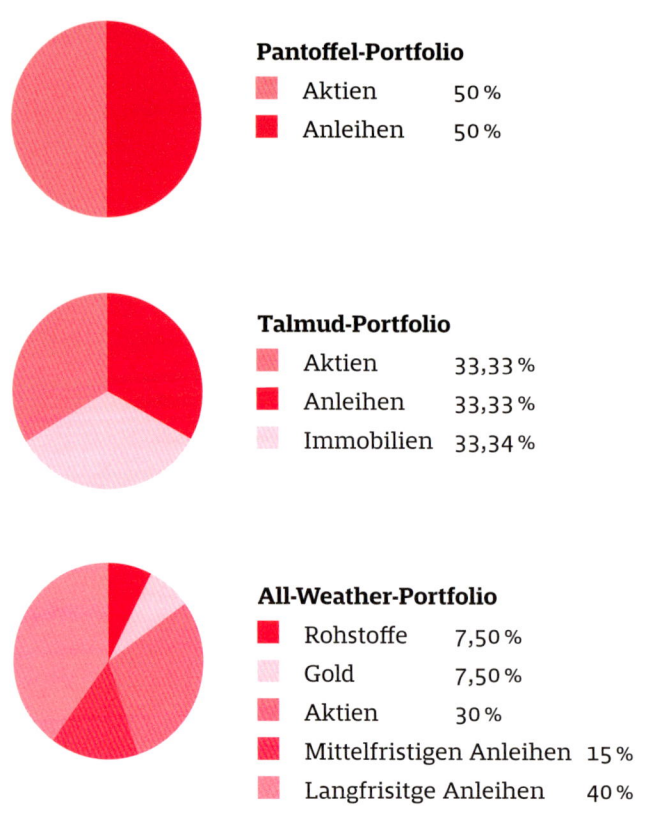

Pantoffel-Portfolio

- Aktien   50 %
- Anleihen   50 %

Talmud-Portfolio

- Aktien   33,33 %
- Anleihen   33,33 %
- Immobilien   33,34 %

All-Weather-Portfolio

- Rohstoffe   7,50 %
- Gold   7,50 %
- Aktien   30 %
- Mittelfristigen Anleihen   15 %
- Langfrisitge Anleihen   40 %

DIE WICHTIGSTEN LERNZIELE!

1. Die moderne Portfoliotheorie eignet sich nicht unbedingt für private Anlegerinnen.
2. Als Anfängerin reicht es aus, mit einer simplen Portfolio-aufteilung zu beginnen.

ALTERNATIVE
INVESTMENTS

Es gibt viele spannende Asset-Klassen neben Anleihen, Aktien und ETFs. Die meisten davon sind für Anfängerinnen aufgrund der hohen Risiken eher ein No-Go. Hat man jedoch schon ein größeres Portfolio und mehr Kapital angesammelt, so zahlt es sich aus, manche dieser Asset-Klassen zwecks Diversifizierung beizumischen.

LEBENSVERSICHERUNGEN

Das Thema Lebensversicherungen passt zwar nicht hundertprozentig in die Kategorie der alternativen Investments, es macht jedoch Sinn, sie zu behandeln, da viele private Investorinnen schon einmal mit dieser Anlageform in Berührung gekommen sind.

Im Prinzip funktionieren Lebensversicherungen, auch Rentenversicherungen genannt, als Altersvorsorge: Die Kundin zahlt monatlich ein. Das Kapital wird von der Versicherung veranlagt. Am Ende der Laufzeit wird das Kapital an die Versicherte ausbezahlt, entweder als Einmalzahlung oder in Form einer Rente. Die meisten Lebensversicherungen, die als Altersvorsorge abgeschlossen werden, haben auch eine Ablebenskomponente, d.h. falls die Versicherte vor Ende der Laufzeit stirbt, bekommen die Angehörigen eine Zahlung.

Bei regulären Lebensversicherungen gibt es einen Garantiezins, also eine Mindestverzinsung des Kapitals. Bei fondsgebundenen Lebensversicherungen bestimmt großteils die Performance der Fonds die Entwicklung des Kapitals. Für die Versicherungen ist das praktisch, denn sie müssen sich nun weniger mit der Erwirtschaftung von Garantiezinsen herumschlagen. Die Kundin trägt aber ein großes Risiko.

Fondsgebundene Lebensversicherungen sind also ein gutes Geschäft für die Versicherer. Die Kundin zahlt jedoch in gewissem

Maße zweimal Gebühren. Einmal die Gebühren der Fonds und zusätzlich die Gebühren der Versicherung.

Das österreichische Magazin „Konsument" des Vereins für Konsumenteninformation hat über die Jahre hinweg immer wieder fondsgebundene und auch reguläre Lebensversicherungen als Anlageform getestet, teilweise mit vernichtenden Ergebnissen[138.] Auch das deutsche Magazin „Test" der Stiftung Warentest rät von Lebensversicherungen als Anlageform ab[139]. Grund hierfür sind unter anderem die niedrigen Garantiezinsen. Während diese vor 1986 noch bei 3 %[140] lagen, liegen sie seit 2017 im Schnitt bei 0,90 %. Die Rendite, die Oma mit ihrer Lebensversicherung gemacht hat, können wir aus aktueller Sicht nicht erwarten.

Wie werde ich meine Lebensversicherung wieder los?

Nun, was kann man machen, wenn man bereits eine Lebensversicherung abgeschlossen hat, vielleicht monatlich einzahlt und stattdessen lieber in ein selbst gemanagtes Portfolio investieren würde? Dies sollte man sich in jedem Fall gut überlegen, besonders, wenn man noch einen älteren Vertrag mit hohen Garantiezinsen besitzt. Sollte man sich doch ausgerechnet haben, dass es höchstwahrscheinlich besser ist, auf eine andere Art und Weise als mittels der Lebensversicherung vorzusorgen, so gibt es verschiedene Optionen:

STILLLEGUNG

Je nach Vertragsgestaltung – dies musst du im Einzelfall abklären – gibt es die Möglichkeit, die Beitragszahlungen stillzulegen. Das bereits eingezahlte Geld wird von der Versicherung weiterhin investiert und am Ende der Vertragslaufzeit bekommst du den mit dem Garantiezins verzinsten Wert (bei einer regulären Lebensversicherung) oder den Fondswert (bei einer fondsgebundenen

Lebensversicherung) ausgezahlt. Der Vorteil der Stilllegung ist, dass du im Vergleich zur Auflösung keine herben Abschläge hinnehmen musst. Der Nachteil ist, dass du das bereits investierte Kapital nicht anderweitig investieren kannst. Daher solltest du auch die Opportunitätskosten berechnen. Das sind die Kosten bzw. die Renditedifferenz, die entsteht, weil du das Geld nicht wie gewünscht investieren kannst.

AUFLÖSUNG/KÜNDIGUNG UND RÜCKKAUF

Je nach Vertrag gibt es gewisse Zeitpunkte, zu denen die Versicherung aufgelöst werden kann. Du erhältst dann den Rückkaufwert der Versicherung. Diesen kannst du im Vorhinein beim Versicherungsunternehmen erfragen und auf Basis des Werts entscheiden. Der Vorteil einer Auflösung ist, dass du das Kapital in ein neues Portfolio investieren kannst. Der Nachteil ist, dass Rückkaufwerte sehr oft einen herben Abschlag (im Vergleich zum angesparten Kapital) bedeuten.

VERKAUF AN EINEN DRITTANBIETER

Neben dem Rückkauf bei der Versicherung selbst gibt es auch Drittanbieter, die Lebensversicherungen erwerben. Dies ist jedoch nicht bei allen Verträgen möglich und muss im Detail geprüft werden. Diese Anbieter findet man mit einer schnellen Google-Suche.

Welche der drei Optionen ist die beste? Das kommt immer auf den Vertrag, die Möglichkeiten, die Höhe der bereits einbezahlten Beiträge und den Rückkaufwert an. Es gibt unter Umständen noch eine vierte Option, nämlich die Rückabwicklung aufgrund von Vertragsfehlern. Konsumentenschutz-Organisationen entdeckten in der Vergangenheit gelegentlich gravierende Vertragsfehler bei Lebensversicherungen, die zu Rückabwicklungen führten. Ob dein eigener Vertrag davon eventuell betroffen ist, klärst du am besten mit einer Konsumentenschutz-Organisation oder einer Anwaltskanzlei, die sich darauf spezialisiert hat.

WAS IST EINE RIESTER-RENTE?

Dies geht auf den ehemaligen deutsche Arbeits- und Sozial-minister Walter Riester zurück und ist in Deutschland vielen ein Begriff. Die Riester-Rente ist keine Anlageform, sondern ein Steuer- und Fördermodell für die private Altersvorsorge. Man kann also mit verschiedenen Arten von Produkten (mittlerweile auch mit günstigen ETF-Sparplänen) „riestern".

In Österreich gibt es die prämienbegünstigte Zukunftsvorsorge[141], die jedoch im Vergleich zur Riester-Rente sehr unflexibel und produktorientiert ist.

Österreichische Finanzmathematiker haben die Attraktivität solcher Produkte beurteilt[142]. Sie stießen auf einen Gebührendschungel und stellten fest, dass die staatliche Prämie meist schnell von Gebühren wieder aufgefressen wird und solche Produkte aufgrund der hohen Kapitalgarantie- und Portfolio-Restriktionskosten für langfristige Anlegerinnen (zwischen 20 und 30 Jahren) unattraktiv sind.

WÄHRUNGEN

Euro, Dollar, Schweizer Franken, Japanische Yen, Indische Rupie – wenn du in einen weltweit diversifizierten ETF investiert hast, kann es sein, dass du die Währungsrisiken bzw. deren Performance-Potenzial bereits in deinem ETF hast. Das kommt darauf an, ob er in Beziehung auf Währungsrisiken gehedged ist oder nicht.

Die Spekulation oder das Investment in Währungen selbst können interessant sein. Man kann auf die Entwicklung eines Landes spekulieren oder sich vor der Volatilität in Märkten schützen. Manche Währungen, wie z.B. der Schweizer Franken, gelten als sicherer Hafen in schwierigen wirtschaftlichen Zeiten. Das geschieht manchmal sogar zum Ärgernis der Schweizer. Fahren viele Geld-Schiffchen in den sicheren Schweizer Hafen, so erstarkt der CHF-Kurs und verteuert somit Schweizer Exporte.

Es gibt auch sogenannte Carry Trades, bei denen man seine Lokalwährung gegen eine Fremdwährung tauscht, die höhere Zinsen abwirft. Diese Zinsdifferenzen werden mit der Zeit durch Kursschwankungen wieder ausgeglichen, aber da Zinsen nicht der einzige Faktor sind die die Währungskurse beeinflussen, kann sich dieser Ausgleich verzögern und Carry Trades zu einem lukrativen Geschäft machen. Fremdwährungskredite sind im Prinzip auch Carry Trades – nur andersrum.

DERIVATE

Die Welt der Derivate ist wie ein Dschungel – bunt und wild. Da gibt es Butterfly-Optionen, den eisernen Condor, den Bear Put Spread, das Skalpieren oder den Contango. Sehen wir uns die gängigsten Instrumente an:

Futures

Futures-Kontrakte sind relativ einfach. Du kaufst ein Asset – das sogenannte Underlying – heute und es wird dir erst am Ende des Quartals geliefert. Du kannst dir also mit dem heutigen Kauf schon den Preis einer zukünftigen Ware sichern. Wenn der Kontrakt am Settlement-Tag ausläuft und der Marktpreis der Waren an diesem Tag höher ist, dann kannst du die gelieferte Ware sofort zu dem höheren Preis verkaufen. So machst du einen Gewinn bzw. einen Verlust, wenn der Preis am Settlement-Tag niedriger ist. Futures werden häufig an Warenterminbörsen wie der CBOT – Chicago Board of Trade – gehandelt. Dort gibt es Futures auf Weizen, Soja, Schweinebäuche, Kaffee, Orangensaft, Baumwolle, aber auch Öl und Gas, Metalle oder finanzielle Assets.

Keine Angst – wenn du einen Öl-Futures kaufst, steht nicht am Ende des Quartals ein DHL-Mann mit einem Fass Öl vor deiner Tür. Die Kontrakte werden normalerweise mit Cash gesettled, d.h. automatisch verkauft, und du bekommst das Geld. Für die physische Lieferung muss man sich gesondert anmelden.

Optionen

Mit einer Option erwirbst du das Recht, ein gewisses Underlying, z.B. eine Aktie, zu einem gewissen Preis – dem Strike-Preis – zu kaufen. Optionen haben immer eine Laufzeit. Bei europäischen Optionen muss man mit der Ausübung (d.h. bis zum Kauf oder Verkauf des Underlyings) bis zum Ende der Laufzeit warten, bei amerikanischen Optionen geht das auch während der Laufzeit. Es gibt Call-Optionen, die das Recht zu kaufen verbriefen oder Put-Optionen, die das Recht zu verkaufen verbriefen.

Put-Optionen kann man z.B. zur Absicherung verwenden. Ein Beispiel: Du besitzt eine Aktie, die zu 50 Euro tradet und möchtest deine Position absichern, also kaufst du einen Put mit einem Strike-Preis von 45 Euro. Fällt die Aktie auf 40 Euro, kannst du sie immer noch um 45 Euro verkaufen und hast deinen Verlust dadurch begrenzt.

Strukturierte Produkte

Da es gerade für private Investorinnen sehr aufwändig ist, sich ein Konstrukt aus verschiedenen Optionen zu bauen, kamen strukturierte Produkte auf den Markt. Diese können aus verschiedenen Optionen bestehen, aus einem Underlying und Optionen oder Kapitalgarantien enthalten, die ebenfalls auf verschiedene Arten und Weisen konstruiert sein können. Wer sich ein strukturiertes Produkt zulegt, sollte auf jeden Fall sichergehen, dass sie genau versteht, was sich dahinter verbirgt und wie es funktioniert. Strukturierte Produkte sind daher nicht für Anfängerinnen geeignet.

ROHSTOFFE

Rohstoffe, auch Commodities, werden an den Finanzmärkten hauptsächlich mittels Futures gehandelt. Für private Investorinnen gibt es praktische Rohstoff-ETFs, die meist auf Futures basieren. Früher galten sie als interessante Beimischung zum Portfolio, weil sie als unkorreliert zu den Aktienmärkten galten. Unkorreliert bedeutet in diesem Fall, dass sich die zwei Wertpapierarten nicht zur gleichen Zeit in die gleiche Richtung bewegen. Im Idealfall bewegen sie sich sogar in die entgegengesetzte Richtung, sodass man Kursverluste bei Aktien damit ausgleichen kann.

Dies ändert sich jedoch immer wieder phasenweise und eine stärkere Korrelation tritt auf[143]. Einige Studien zeigen, dass das Interesse von Finanzanlegerinnen an Commodities teilweise zu starker Korrelation führt[144]. Teilweise hat dies auch volkswirtschaftliche Gründe[145], da Rohstoffe als Produktionsmittel verwendet werden. Die Zugabe von Rohstoffen ins Portfolio zum Zweck der Diversifizierung sollte also mit Vorsicht genossen werden.

Öl

Da Öl ein wichtiges Produktionsmittel ist, hat der Ölpreis eine Auswirkung auf die Märkte. Dies wurde in mehreren Studien nachvollzogen.[146] Ein niedriger oder fallender Ölpreis wirkt sich für gewöhnlich positiv auf die Aktienmärkte aus. Ein hoher Ölpreis kann den Aktienkursen schaden. Schnellt der Ölpreis abrupt nach oben, kann dies sogar eine Wirtschaftskrise auslösen. Dies geschah z.B. in der Ölkrise der 70er Jahre, als die Gemeinschaft der ölexportierenden Länder sich relativ unbedacht dazu entschied, die Produktion zu drosseln.

Öl kannst du entweder über die Futures-Märkte erwerben, was eine Domäne von erfahrenen Investorinnen ist, oder als ETF und ETC (Exchange Traded Commodity). Bei Öl-ETFs und -ETCs solltest du auf jeden Fall auf die Replikationsmethode (s. S. 165ff.) sowie die Gebühren achten.

SCHWARZES ÖL

Öl ist eines der beliebtesten alternativen Investments zur Portfolio-Beimischung. Das wird nicht nur an der Börse gehandelt, sondern es gibt dafür auch einen regen Schwarzmarkt. Gelegentlich werden nämlich gewisse Nationen von

den USA und manchmal sogar von internationalen Gemein-
schaften vom Öl-Handel ausgeschlossen. Man nennt dies
auch ein internationales Embargo, das aufgrund von Kriegen
oder Menschenrechtsverletzungen verhängt wird. Der wohl
berühmteste Öl-Händler aller Zeiten – Marc Rich – handelte
trotzdem mit „Schurkenstaaten" und verdiente damit Milliarden. Dies brachte ihm einen Haftbefehl in den USA ein und
einen Platz auf der „Most Wanted"-Liste des FBI.
Ausgeführt wurde dieser Haftbefehl nie, denn Marc erhielt in
den USA am 20.1.2001 eine präsidentielle Begnadigung. Es
war der letzte offizielle Akt von Bill Clinton, bevor er sein Amt
verließ.

Edelmetalle

Es ist nicht alles Gold, was glänzt. Es gibt auch Silber, Platin und
Palladium. Während Gold als sicherer Hafen gilt, verhalten sich
andere Metalle, die eher in der Produktion verwendet werden,
nicht unbedingt so stabil[147]. Es gibt jedoch relativ viele Studien,
die den Vorteil von Gold als Diversifizierungs-Asset bestätigen.[148]
Gold hatte in der Vergangenheit die Eigenschaft, in Krisenzeiten
negativ zu den Aktienmärkten korreliert zu sein, d.h. der Goldpreis stieg, als Aktienkurse fielen. Für Privatinvestorinnen kann
Gold daher eine interessante Portfolio-Beimischung sein.

Im Prinzip gibt es zwei Arten der Gold-Investments: physisches
und verbrieftes Gold.

Goldbarren und Münzen kannst du bei Goldhändlern erwerben,
wobei man bei Münzen immer darauf achten sollte, dass ihr Wert
dem Goldpreis entspricht und keinen zu hohen Prägungs- bzw.
Sammleraufschlag trägt. Bei physischem Gold in großen Men-
gen stellt sich natürlich die (Kosten-)Frage der Lagerung. Einige

Münzhändlerinnen bieten Safes und Lagerung als Dienstleistung an.

Verbrieftes Gold, z. B. Gold-ETFs, sind börslich handelbar. Ein Zwischending zwischen physischem Gold und Gold-ETFs ist Gold als ETC. ETCs werden börslich wie ETFs gehandelt, mit dem Vorteil, dass man sich bei manchen dieser ETFs das Gold daraus auch liefern lassen kann, sollte man das wünschen, um das Gold zu verschenken oder aus Sicherheitsgründen daheim im Safe zu lagern.

Landwirtschaftliche Rohstoffe

Neben Öl und Metallen gibt es noch eine weitere Kategorie von Rohstoffen, die landwirtschaftlichen Rohstoffe, auf Englisch „soft commodities" genannt. Hiermit sind Dinge wie Kaffee, Orangensaft, Zucker, Schweinebäuche oder Mehl gemeint. Diese werden für gewöhnlich an speziellen Börsen gehandelt. Welche Faktoren deren Kurse bewegen ist je nach Rohstoffart fast schon eine Wissenschaft für sich, somit eignen sich landwirtschaftliche Rohstoffe eher für Fortgeschrittene. Möchte ich als Investorin solche Rohstoffe auch in mein Portfolio nehmen, so ist die einfachste Methode mittels Commodity-ETF.

CROWDFUNDING

Crowdfunding ist nicht gleich Crowdfunding. Wenn Unternehmen ihre Projekte und Ideen von einer großen Menge an Investorinnen finanzieren lassen, kann dies über verschiedene Rechtsformen abgewickelt werden. Der große Unterschied dabei ist, ob du beim Crowdfunding in Eigenkapital oder Fremdkapital der Gesellschaft investierst. Der Unterschied ist wichtig.

Bei einem Eigenkapital-Crowdfunding (auch Equity-Crowdfunding genannt) erwirbst du einen Anteil an einem Unternehmen oder einer Projektgesellschaft. Als Anteilseignerin hast du neben dem Recht auf Gewinnbeteiligung ein Auskunfts- und Mitbestimmungsrecht. Diese Art von Crowdfunding ist jedoch relativ selten.

Crowdfunding auf der Basis von Fremdkapital kommt wesentlich öfter vor. Dies geschieht oft über nachrangige Darlehen. Nachrangig bedeutet, dass man als Gläubigerin ganz unten in der Liste steht. Das heißt, dass im Falle eines Scheiterns des Projekts zuerst andere Gläubigerinnen dran sind, bevor man als Investorin das Geld – bzw. das, was davon übrig ist – bekommt. In vielen Fällen sind nachrangige Darlehen auch so strukturiert, dass das Unternehmen erst dann zur Zahlung der Zinsen verpflichtet ist, wenn das Unternehmen oder Projekt profitabel ist. Fällt ein Geschäftsjahr schlecht aus, so hat das Unternehmen das Recht, die Zinszahlung auszusetzen. Solche Klauseln kommen manchmal in Crowdfunding-Verträgen (auch bekannt als Prospekte) vor.

Crowdfundings werden gewöhnlich über das Internet beworben. Bevor du in ein Crowdfunding investierst, solltest du dir auf jeden Fall den dazugehörigen Vertrag und Prospekt durchlesen. Der Prospekt ist ab einem gewissen Volumen Pflicht. Es handelt sich um ein Dokument, das alle Daten zu einem Investment enthalten muss, inklusive der Risiken und der Geschäftszahlen des Unternehmens. Sieh dir genau an, wie das Investment ausgestaltet ist und wann und unter welchen Umständen du eine Gewinnbeteiligung bzw. dein eingesetztes Investment zurückbekommst.

VORSICHT BEI IMMOBILIEN-CROWDFUNDING

Gelegentlich sieht man auf Social Media Anzeigen für Immobilien-Crowdfunding, die als Immobilieninvestments verkauft werden. Dies ist etwas irreführend, denn es kann für eine Investorin auf den ersten Blick so aussehen, als wäre dies ein direktes Investment in eine Immobilie. In den meisten Fällen handelt es sich jedoch um ein nachrangiges Darlehen an die Immobilienentwicklungsgesellschaft. Als Investorin besitzt man somit keinen Anteil einer Immobilie, steht nicht im Grundbuch und das Darlehen ist im Normalfall nicht hypothekarisch gesichert.

KRYPTOWÄHRUNGEN

Bitcoin, Bitcoin Cash, Litecoin, Ethereum – Kryptowährungen sind in aller Munde. Aktuell arbeiten auch Unternehmen und sogar staatliche Institutionen daran, ihre eigenen Kryptowährungen auf den Markt zu bringen. Das macht Sinn, da die Blockchain und die dahinterliegende Technologie Transaktionen vereinfacht und besonders in der Finanzbranche komplizierte Systeme, wie die Abwicklungssysteme von Banken oder Börse, schneller und effizienter machen kann.

Was die Kryptowährungen selbst betrifft, muss man sie zum jetzigen Zeitpunkt seriöserweise als hochgradig spekulativ einstufen, da es noch nicht genug wissenschaftliches Material über sie gibt. Es gibt noch keine umfassend erforschte Methode, wie Kryptowährungen analysiert und bewertet werden können. Da es relativ viele gibt, die teilweise auf unterschiedlichen Technologien basieren, ist auch noch nicht wirklich klar, welche sich durchsetzen und welche relativ schnell wieder vom Markt verschwinden werden.

Über die derzeit am weitesten verbreitete Währung, Bitcoin, gibt es einige Studien, die zu dem Schluss kommen, dass man Bitcoin ähnlich wie eine traditionelle Währung bewerten kann, dass gesamtwirtschaftliche Faktoren den Kurs beeinflussen[149] und dass das Interesse an Bitcoin – oft durch mediale Hypes ausgelöst – ebenfalls eine Rolle spielt[150]. Andere Studien deuten darauf hin, dass das Transaktionsvolumen Kursbewegungen voraussagen kann[151].

Viele Fragen in Bezug auf Kryptowährungen sind noch unbeantwortet, also sollten Investorinnen diese Assets auf jeden Fall mit Vorsicht genießen und sich der hohen Risiken bewusst sein.

DIE WICHTIGSTEN LERNZIELE!

1. Lebensversicherungen eignen sich nicht unbedingt als Altersvorsorge.
2. Rohstoffe wie Öl oder Gold kann man als ETFs und ETCs dem Portfolio beimischen.
3. Futures und Optionen sind Instrumente für komplexe Tradingstrategien.
4. Achte bei Crowdfundings immer auf die Vertragsdetails.
5. Kryptowährungen sind noch relativ unerforscht und somit ein sehr risikoreiches Asset.

RISIKO-
MANAGEMENT

DIE WISSENSLÜCKE

Wer einen guten Überblick über die Risiken der Finanzindustrie hat, kann oft beobachten, wie diese von vielen Anlegerinnen in Zeiten von Hypes ignoriert werden. Es gibt wohl keinen Menschen, der dieses Gefühl besser kennt als der US-amerikanische Ökonom und Nobelpreisträger Robert J. Shiller. Er sagte in seinem Werk „Irrational Exuberance"[152] (auf Deutsch: Irrationaler Überschwang) im Jahr 2000 präzise das Platzen der damaligen Technologieblase voraus. Im Jahr 2005 schrieb er die zweite Ausgabe dieses Buches und fügte Kapitel hinzu. Diese widmeten sich den hohen Risiken der Subprime-Kredite und er beschrieb darin, dass diese zu immensen systemischen Risiken im Finanzsektor führen würden. Er wurde drei Jahre lang belächelt und von den meisten ignoriert. Dann kam die Finanzkrise 2008.

In den Medien wurde meistens berichtet, dass die Finanzkrise eine große Überraschung gewesen sei. Das stimmt aus der Sicht vieler Finanzexpertinnen nicht. Deren Warnungen wollten nur wenige hören, weil eben alles so gut lief.

Gerade als Anfängerin ist es enorm wichtig, die Risiken immer im Blick zu haben und sich nicht nur hinsichtlich der Gewinnmöglichkeiten, sondern auch der Verlustgefahren zu bilden.

Es ist daher ein guter Ansatz, mit einfachen Wertpapieren zu beginnen, bei denen die Risiken überschaubarer sind.

Eine meiner goldenen Regeln lautet: Investiere nie in etwas, das du nicht verstehst. Man könnte dem noch hinzufügen: Egal, wie gut es klingt.

Dieses Motto hat mir schon mehrere Male mein Portmonnaie gerettet. Und selbst wenn man die Wertpapiere an sich versteht, werden einem manchmal Investments oder Geschäfte angeboten, in denen nicht klar ist, wie die Rendite erzielt werden soll. Oft kommen dann (Verkaufs-)Argumente wie: „Das ist ein super Deal!" (Ok, warum genau?) oder: „Wir erwarten eine Rendite von 20 % in drei Jahren." (OK, wie soll die generiert werden?) Man sollte sich immer genau informieren und nachfragen, bis man das Produkt oder den Deal wirklich im Detail verstanden hat. So kann man die Wissenslücke, also die Risiken, die man nicht kennt, verringern. Im Zweifelsfall ist es besser, nicht zu investieren und stattdessen Wertpapiere zu kaufen, mit denen man sich bereits wohlfühlt.

Besonders bei Anfängerinnen passiert es oft, dass sie nicht mit einem konservativen Produkt, wie z. B. einem Anleihen-ETF, beginnen, sondern mit etwas, das heftig beworben wird, aber aus finanzmathematischer Sicht eigentlich ein Hochrisikoprodukt ist. Beispiele hierfür wären Crowdfunding oder Bitcoin.

Wichtig ist es ebenfalls, nicht absichtlich wegzuschauen. Das ist der zweite Punkt, um sich der Risiken bewusst zu werden. Wenn sich etwas zu gut anhört, um wahr zu sein, dann ist es das höchstwahrscheinlich auch. Doch genau dann stellen manche Anlegerinnen nicht genug Fragen. Erhält man Warnungen von Menschen, die sich mit der Materie wirklich gut auskennen, so sollte man unbedingt hinhören.

Die dritte Methode, diese gefährlichen Risiken zu vermindern, ist, sich kontinuierlich weiterzubilden. Nur so kann man das schwarze Loch der gänzlich unbekannten Risiken verkleinern.

Du kannst dich am besten weiterbilden, indem du Bücher liest, idealerweise auch Studien, Tests und Untersuchungen, Workshops besuchst, YouTube-Videos zum Thema Investment schaust – vielleicht am Investorella Channel – und mit Menschen sprichst, die sich mit dem Thema schon seit Jahren professionell auseinandersetzen.

VORSICHT VOR „INSIDER-TIPPS"

Manchmal ergibt sich in ein Gespräch und plötzlich erhält man eine wahnsinnig interessante Information, von der man ausgehen kann, dass sie den Kurs eines Wertpapiers stark verändern wird. Das kann eine Information zu einer kommenden Übernahme sein, zu einer neuen Erfindung eines Unternehmens oder zu einem drohenden Skandal, der noch nicht öffentlich gemacht wurde.

Vielleicht denkst du dir: „Wow, da wird sich ja der Kurs der Aktie stark bewegen. Ich könnte ein tolles Geschäft machen." Stopp.

Erstens einmal ist die Chance relativ hoch, dass es sich hierbei lediglich um ein Gerücht handelt und das Ganze nicht stimmt.

Manche Menschen reden viel, wenn der Tag lang ist, oder vielleicht handelt es sich ja gar um jemanden, der dich beeindrucken will. Sollte die Information jedoch stimmen und du handelst danach, dann machen sich der Informant und du strafbar. Insider-Trading ist nämlich illegal und schon lange kein Kavaliersdelikt mehr. Heutzutage haben Börsen automatische Systeme, die Anomalien im Handel erkennen. Gibt es ungewöhnliche Bewegungen vor einer großen Kursveränderung, so schlagen diese Überwachungssysteme Alarm. Die Börsenaufsicht untersucht dann, ob es sich um einen potenziellen Insider-Trade handeln könnte und leitet ein Verfahren ein. Dann wird dein Depot daraufhin untersucht, ob der Trade, den du gemacht hast, zu deinem normalen Anlageverhalten passt.

Wenn du z. B. noch nie zuvor an der Börse investiert hast, plötzlich ein Depot eröffnest und als deinen ersten Trade für mehrere tausend Euro Aktien eines Unternehmens kaufst, das kurz darauf von einem internationalen Konzern übernommen wird und in dem zufällig dein Verwandter arbeitet, dann ist es sehr wahrscheinlich, dass es zu einer Anklage kommt. Dieses Beispiel ist keineswegs fiktiv. Es handelt sich hierbei um einen berühmten Insider-Fall in Österreich. Mein Insiderinnen-Tipp zu Insider-Tipps lautet also: Tu es einfach nicht.

VORSICHT VOR BETRUG MIT AKTIEN

Treibt man sich online herum und sucht nach Finanzinformationen, so kann es passieren, dass man auf unseriöse Quellen stößt. Auch in der Finanzwelt gibt es Fake News – und die sind besonders gefährlich, weil sie Anlegerinnen richtig viel Geld kosten können. Manchmal versuchen Kriminelle durch gezielt gestreute Gerüchte oder Falschmeldungen die Kurse von meist wertlosen

Aktien zu steigern. Oft werden hierbei regelrechte Sensations-
nachrichten in Internetforen oder auf Social Media verbreitet.
Dies nennt man auf Englisch „Pump and Dump". Der Kurs wird
künstlich nach oben gepusht und daraufhin verkauft man selbst
all seine Aktien. All jene, die aufgrund der „tollen" Nachrichten
das Wertpapier gekauft haben, bleiben auf einer wertlosen Aktie
sitzen. Oft betreffen solche Machenschaften eher kleine börsennotierte Unternehmen mit einem geringen Kurswert, auch Penny
Stocks genannt. Solche Aktien bergen enorme Risiken, denn
meistens gibt es einen Grund dafür, dass ein Wertpapier unter einem Euro oder Dollar notiert. Als Anfängerin sollte man sich von
solchen Wertpapieren fernhalten und bei den Finanzinformationen, die man liest, immer auf die Seriösität der Quelle achten.

RISIKOMANAGEMENT-
MAßNAHMEN

Kommen wir zu den Risiken, die uns bekannt sind und zu den
Maßnahmen, die wir ergreifen können, um sie zu mindern.

Zinsrisiko oder Zinsänderungsrisiko

Hiermit ist das Risiko gemeint, dass sich eine Zinsänderung negativ auf unser Portfolio auswirkt. Steigen die Zinsen, so ist dies
schlecht für die Kurse aktueller Fixzinsanleihen und wirkt sich
oft auch negativ auf die Aktienmärkte aus. Im institutionellen
Bereich gibt es hier die Möglichkeit des Hedging, also der Absicherung durch Eingehen der Gegenposition. Dies steht privaten
Investorinnen nur eingeschränkt zur Verfügung.

Für Immobilieninvestorinnen stellen steigende Zinsen ein
besonderes Risiko dar. Es ist daher empfehlenswert, eine Fest-
zinshypothek zu nehmen. Bei einer Fest- oder Fixzinshypothek
kenne ich den Zinssatz schon im Vorhinein, habe also nicht das

Risiko, dass dieser sich ändert und meine Hypothek dadurch teurer wird.

Inflationsrisiko

Das ist das Risiko, dass der Wert einer Investition durch eine hohe Inflation beeinträchtigt wird. Da Unternehmensgewinne und Dividenden bei niedriger Inflation mithalten, bieten Aktien einen gewissen Inflationsschutz. Dies gilt jedoch nicht bei einer starken sogenannten Hyperinflation.

Anleihen werden ebenfalls durch eine hohe Inflation negativ beeinflusst. Um dieses Risiko zu vermeiden, kann man inflationsgesicherte Anleihen und Anleihen-ETFs erwerben.

Währungsrisiko

Dies ist das Risiko, dass Wechselkursänderungen Wertverluste auslösen. Dieses Risiko kann man mindern, indem man Wertpapiere kauft, die in Euro notieren oder zum Euro gehedged, also abgesichert, sind. Bei ETFs gibt es einige, die den Wechselkurs der Wertpapiere außerhalb des Euroraumes absichern.

Bonitätsrisiko

Das Bonitätsrisiko betrifft vor allem Anleihen-Investments. Um sich davor zu schützen, kann man bei Anleihen-ETFs darauf achten, dass Anleihen, die unter ein gewisses Bonitätsniveau fallen, aus dem ETF genommen werden. Investiert man in einzelne Anleihen, so sollte man die Bonität des Emittenten kontinuierlich überwachen und auf Rating-Abstufungen achten.

Länder-/politisches Risiko

Jedes Land und jede Region hat ein gewisses politisches Risiko. Manche Regionen sind stabiler als andere, nicht nur was deren Wirtschaft betrifft, sondern auch deren politische Systeme und Demokratien, insofern es diese gibt. Vor diesem Risiko schützt man sich am besten, indem man international diversifiziert und seine Investments nicht nur auf eine Region begrenzt.

Unternehmens-/Geschäftsrisiken

Besonders beim Investment in Aktien ist man den Risiken des jeweiligen Unternehmens ausgesetzt. Dies ist relativ schwer abzusichern. Etwas, das helfen kann, ist die Diversifizierung in verschiedene Branchen. Durch breit gefächerte ETFs kann ein solcher Diversifikationsgrad erreicht werden.

News-/Imagerisiken

Skandale, Pech und Pleiten mag keine Investorin gern, wenn sie die Aktie eines Unternehmens besitzt. Gegen solche Risiken kann man sich nur schwer schützen. Um sicherzugehen, dass man wichtige Nachrichten über Unternehmen, in die man investiert hat, sofort erhält, kann man (z. B. mit Google Alerts) einen Nachrichtenfilter einrichten, der über neueste Entwicklungen informiert.

DAS NOAH-PRINZIP

Die Wahrheit ist, wir können die Zukunft nicht voraussagen. Wir können uns jedoch darauf vorbereiten. Die berühmte Investmentgröße Warren Buffett meinte 2001, als sein Unternehmen Berkshire Hathaway ein besonders schlechtes Jahr hatte, in einem Brief an die Aktionärinnen: „Ich habe die Noah-Regel gebrochen. Den Regen vorauszusagen zählt nicht, eine Arche zu bauen schon."[153]

Kursverluste oder Crashes können so gut wie immer passieren. Manchmal gibt es volkswirtschaftliche Anzeichen für kommende Turbulenzen. Die wichtigen volkswirtschaftlichen Indikatoren haben wir uns in Kapitel 4 bereits angesehen. Manchmal gibt es diese nicht und es entstehen sogenannte Flash Crashes. Das sind Kursrutsche, die aufgrund von technischen Pannen oder der Zusammenkunft unglücklicher Umstände entstehen – kurz gesagt: Pech.

Wir können nie wissen, wann uns so etwas trifft – und selbst wenn wir uns im Detail mit Risikofaktoren beschäftigen und einen kommenden Crash schon fast fühlen können, so kann es immer noch sein, dass dieser erst Monate oder Jahre später kommt als erwartet.

Diese Angst vor dem Crash selbst birgt übrigens auch ein Risiko, nämlich dass wir uns gar nicht erst trauen, in die Märkte einzusteigen. Eine Studie[154] des deutschen Aktieninstituts zeigte, dass der Hauptgrund für das Vermeiden von Aktien die Angst vor dem Risiko ist. 65 % der Nicht-Aktionär*innen gaben dies als Grund an, keine Aktien zu besitzen. Hat man zu viel Angst, so verpasst man langfristig Renditechancen.

In meinen Workshops bekomme ich oft die Frage: „Macht es jetzt – auf diesem hohen Kursniveau – überhaupt noch Sinn einzusteigen?" Hinter dieser Frage verbirgt sich die Angst, genau am Höchstpunkt einzusteigen und in einem kurz darauf folgenden Crash einen herben Verlust zu machen. Diese Frage lässt sich schwer beantworten, da es so gut wie unmöglich ist festzustellen, ob man sich aktuell auf einem Höhepunkt befindet oder nicht.

Man kann Crashes nicht voraussagen, außer natürlich man ist Robert Shiller, aber selbst er musste oft Monate oder Jahre warten, bis sich seine Voraussagen in der Realität bewahrheiteten. Man kann sich jedoch – auch als Privatinvestorin – darauf vorbereiten.

Bauen wir also unsere Aktien-Arche. Sie besteht aus vier Teilen: Wissen, Alerts, Diversifizierung und Stopps.

Streuung als Risikominderung

Diversifizierung, also das breite Streuen von Investments, haben wir bereits in vorigen Kapiteln angesprochen. Beim Gestalten eines Portfolios macht es Sinn, nicht nur auf ein paar wenige, sondern mehrere verschiedene Wertpapiere und Asset-Klassen zu setzen, die bestenfalls unkorreliert sind. Dies bedeutet, dass sich die Wertpapiere tendenziell nicht im Gleichklang bewegen.

Dies lässt sich sehr einfach mit ETFs umsetzen. Bei der Diversifizierung sollte man nicht nur auf die Anzahl der Wertpapiere achten, die sich im ETF befinden, sondern auch auf den regionalen Unterschied sowie unterschiedliche Branchen. Neben der Diversifizierung innerhalb eines Aktien-ETFs sollte man auch unterschiedliche Asset-Klassen im Portfolio haben. Das beginnt mit einer simplen Streuung über Aktien und Anleihen. Nach einiger Zeit kann man Immobilien und alternative Investments, wie Rohstoffe oder Gold, dazumischen.

STOPS GEGEN KURSVERLUSTE

Stops, genauer gesagt Stop Loss Orders, sind automatische Wertpapierorders. Es handelt sich hierbei um automatische Verkaufs-Aufträge, die dann ausgelöst werden, wenn der Kurs des Wertpapiers unter ein bestimmtes Niveau fällt.

Das Prinzip dahinter ist simpel. Wenn ich in ein Wertpapier einsteige, entscheide ich mich gleich beim Einstieg für meine Risikotoleranz. Nehmen wir an, ich habe als Investorin eine Toleranz von 10 %. Wenn ich also eine Aktie um 50 Euro kaufe, dann setze ich meinen Stop bei 45 Euro. Fällt die Aktie danach auf 44,99 Euro, so wird sie automatisch verkauft.

Stops haben einige Vorteile. Der erste ist, dass ich gleich beim Kauf des Wertpapiers entscheide, wie viel Verlust ich bereit bin zu tolerieren. Das zwingt mich dazu, mir Gedanken zu machen und mich gleich am Anfang auf eine bestimmte Zahl festzulegen. Der zweite Vorteil ist die Automatisierung. Kommt es zu einem abrupten Kursrutsch, so ist die Order bereits im System und ich muss mich nicht unter Stress darum kümmern. Stop Orders lassen einen daher wesentlich ruhiger schlafen.

Wie setze ich einen Stop?

Wo ich meinen Stop setze und welche Art des Stops ich verwende kommt vor allem auf meinen eigenen Risikoappetit an. Gleichzeitig gibt es auch ein paar praktische Anhaltspunkte. Ich kann als Investorin damit beginnen zu bestimmen, wie viel Risiko ich bereit bin zu tolerieren. Bin ich bereit, einen Verlust bis zu 15 % in Kauf zu nehmen, so kann ich meinen Stop 15 % unter meinem Einstiegskurs setzen. Es macht jedoch im Zuge dessen Sinn, sich die Volatilität des Wertpapiers anzusehen. Die jährliche Volatilität findet man im Kursblatt des Wertpapiers. Bei ETFs ist dies im Factsheet zu finden. Liegt die Volatilität z.B. bei 20 %, so würde eine Schwankung von 15 % nicht als ungewöhnlich gelten. Liegt die Volatilität jedoch bei 10 %, so wären 15 % schon außerhalb der historischen Schwankungsbreite des Wertpapiers. Wenn man also einen Stop setzt, sollte man die Volatilität ebenfalls bedenken.

Worauf muss man bei Stops noch achten?

In den meisten Handelssystemen sind Stop Orders nicht unendlich gültig. Setzt man eine Stop Order, so sollte man sich das Datum, an dem sie ausläuft, im Kalender notieren, um sie dann gegebenenfalls zu erneuern.

Unter den Stop Orders gibt es verschiedene Typen, z. B. die Stop Market und die Stop Limit Order sowie den Trailing Stop. Der Stop Market und der Stop Limit verhalten sich nach dem Auslösen wie Market- und Limit-Verkaufsorders (für Ordertypen siehe Kapitel 7, S. 125f.). Der Trailing Stop ist etwas anders. Neben dem Stop Betrag unter dem aktuellen Kurs wird zusätzlich noch ein zweiter Betrag festgelegt, nämlich die Distanz zum Kurs. Steigt der Kurs, so wandert der Trailing Stop mit. Dies ist am einfachsten anhand eines Beispiels erklärt:

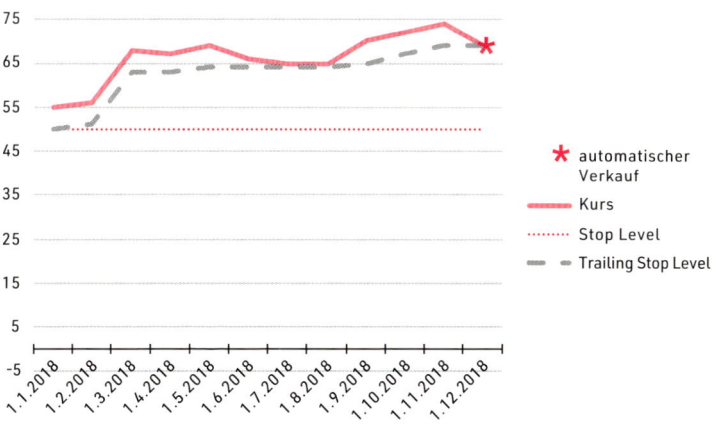

Der Trailing Stop ist nicht nur ein praktisches Instrument zur Risikoabsicherung, sondern kann mir als Investorin auch den Ausstieg aus einem Wertpapier erleichtern.

DIE WICHTIGSTEN LERNZIELE!

1. Wissen ist der beste Hedge, also bilde dich weiter. Je mehr du über Risiken weißt, desto besser kannst du sie erkennen und dich davor schützen.
2. Gehe mit Informationen vorsichtig um. Prüfe jeweils die Quelle der Information auf Seriosität.
3. Diversifiziere dein Portfolio mit bereits breit gestreuten ETFs sowie verschiedenen Asset-Klassen.
4. Setze Stops, um dein Verlustrisiko zu begrenzen.

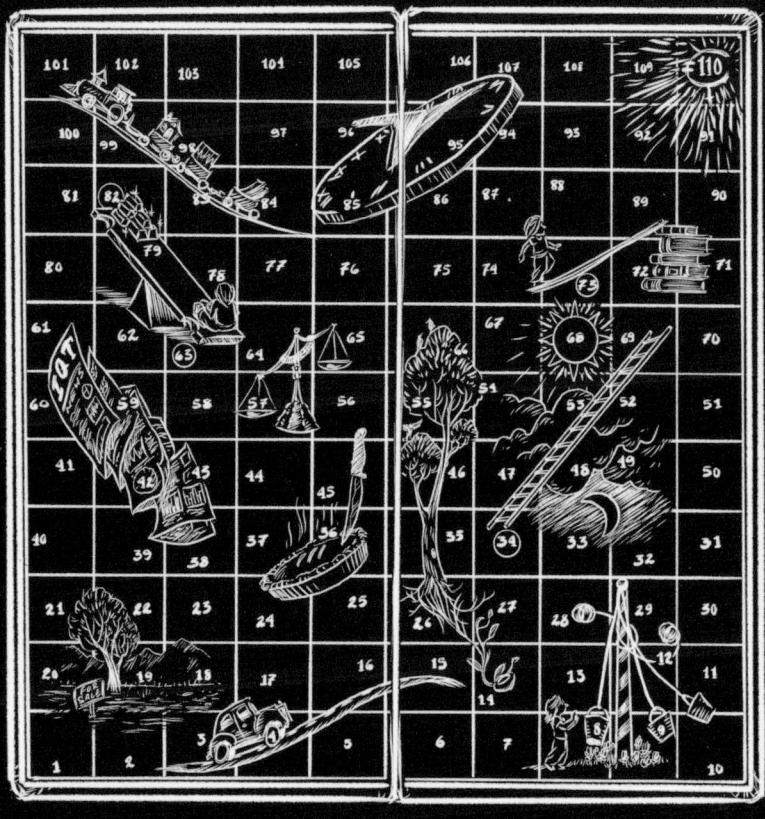

MEIN ERSTES PORTFOLIO IN ZEHN SCHRITTEN

Nun ist es soweit: Zeit für dein erstes Portfolio, begleitet von den besten Börsianerinnen, ihren Weisheiten und Geschichten.

Schritt 1: Die Finanzprüfung

Du machst eine persönliche Finanzprüfung und analysierst deinen Konsum.

Hierzu meint der Autobauer Henry Ford: „Reich wird man nicht durch das, was man verdient, sondern durch das, was man nicht ausgibt."

Schritt 2: Das Kapital

Auf Basis der Erkenntnisse aus deiner Finanzprüfung ordnest du deine Finanzen im Bucket-System und schaffst dadurch Investitionskapital.

Der berühmte Investor Warren Buffett meint zum persönlichen Finanzmanagement: „Spare nicht, was nach den Ausgaben übrigbleibt, sondern gib nur aus, was nach dem Sparen übrigbleibt."

Schritt 3: Das Depot

Du eröffnest ein Wertpapierdepot, nachdem du dir den Broker ausgesucht hast, der am besten zu dir passt.

Das Wichtigste ist, sich zu trauen, damit zu beginnen. Dazu gibt es ein wunderbares chinesisches Sprichwort: „Der beste Zeitpunkt einen Baum zu pflanzen war vor 20 Jahren. Der zweitbeste ist jetzt."

Schritt 4: Die Portfoliostrategie

Du entscheidest dich für eine Portfoliostrategie, mit der du beginnen möchtest. Vielleicht ist es ein 50/50-Pantoffel-Portfolio, vielleicht möchtest du gleich mit einem Talmud-Portfolio beginnen.

Vielleicht hast du schon am Anfang Lust, bist risikofreudig und möchtest Einzelaktien beimischen.

Dass Diversifizierung das A und O ist, erkannte auch der berühmte Investor und Börsenguru André Kostolany. Er meinte: „Wer gut essen will, kauft Aktien; wer gut schlafen will, kauft Anleihen."

Schritt 5: Die Auswahl der Wertpapiere
Du suchst dir passende Wertpapiere für dein Portfolio aus, analysiert sie nach deren Performance-Potenzial, Risiken und Nachhaltigkeit.

Auf die Suche nach den wertvollsten Aktien machte sich auch Geraldine Weiss in den 60er Jahren, als es für Frauen noch sehr ungewöhnlich war, in der Finanzbranche zu arbeiten. Daher fand sie auch keinen Job, war aber nicht bereit aufzugeben. Sie setzte 1966 ihren eigenen Investment-Newsletter auf, der sich auf unterbewertete Dividendenaktien konzentrierte und unterschrieb ihn mit „G. Weiss". In den 70er Jahren.

Als ihr Newsletter bereits eine tolle Performance-Historie aufwies, enthüllte sie ihre wahre Identität, nahm damit ihren Skeptikern den Wind aus den Segeln und setzte einen wichtigen Meilenstein für Frauen in der Finanzbranche. Heutzutage ist sie zwar schon in Pension, aber ihr Newsletter „Investment Quality Trends" ist immer noch beliebt.

Schritt 6: Die erste Order
Nachdem du das erste passende Wertpapier gefunden hast, kaufe es bzw. richte einen Sparplan ein.

Kaufe dir Wertpapiere, von denen du in vielen Hinsichten langfristig überzeugt bist. Unser Freund Warren Buffett meint dazu: „Wenn du dich beim Gedanken unwohl fühlst, eine Aktie für zehn

Jahre zu besitzen, dann solltest du diese Aktie auch keine zehn Minuten besitzen."

Schritt 7: Die Risikoabsicherung
Nun hast du das erste Wertpapier im Portfolio! Gratuliere. Am besten du setzt sofort einen Stop, um das Risiko abzusichern.

Das ist wichtig, denn selbst unser Freund André Kostolany pflegte zu sagen: „An der Börse ist alles möglich – auch das Gegenteil."

Schritt 8: Die Beobachtungsphase
Du überwachst dein Portfolio, setzt Nachrichten-Filter, liest gelegentlich die Finanz- und Wirtschaftsnachrichten, bildest dich weiter, siehst deinem Portfolio bei seiner Entwicklung zu und lernst daraus.

Auch der bekannte Hedgefonds-Manager Bill Ackman, der in der Doku „Betting on zero" die Hauptrolle spielt, meint, dass Weiterbildung enorm wichtig ist: „Du kannst Investieren lernen, indem du Bücher liest."

Schritt 9: Adjustierung
Nach einiger Zeit wird vielleicht ein Re-Balancing nötig und es fallen Dividenden an, die du re-investieren kannst.

Du brauchst dich damit jedoch nicht stressen. Auch Warren Buffett ist ein Proponent des entspannten und geduldigen Investierens: „Der Aktienmarkt ist darauf ausgerichtet, Geld von den Aktiven zu den Geduldigen zu transferieren."

Schritt 10: Profitiere!
Nun kannst du deinem Portfolio beim Wachsen zusehen und das Leben genießen.

*Viel Geduld empfiehlt auch Kostolany: „Kaufen Sie Aktien, neh-
men Sie Schlaftabletten und schauen Sie die Papiere nicht mehr
an. Nach vielen Jahren werden Sie sehen: Sie sind reich."*

BONUS LEVELS

Nachdem du die ersten Schritte getätigt hast, gibt es natürlich
Bonus-Levels für die besonders motivierten Investorellas:

Bonus-Level 1
Nachdem dein erstes Portfolio gewachsen ist und du dich weitergebildet hast, kannst du damit beginnen, es weiter zu diversifizieren und alternative Investments dazuzunehmen.

*Getreu nach dem Motto: „Geld allein macht nicht glücklich. Es ge-
hören auch Aktien, Gold und Immobilien dazu."*

Bonus-Level 2
Du machst deine Steuererklärung.

*Als Albert Einstein nach seiner persönlichen Steuererklärung ge-
fragt wurde, meinte er: „Diese Frage ist zu kompliziert für einen
Mathematiker. Das sollte man einen Philosophen fragen."*

So schwierig ist es in der Realität dann doch wieder nicht. Je
nachdem, in welchem Land man lebt, wird eine Kapitalertrag-
steuer sowie eine Steuer auf Wertpapiergewinne fällig. Da sich
die Steuergesetze laufend ändern, bist du am besten beraten, die
offiziellen Webseiten der Steuerbehörde deines Landes zu kon-
sultieren oder dich an eine Steuerberaterin zu wenden. Auch die
Finanzämter geben per Telefon Auskunft darüber, welche Steuern zu bezahlen sind und wie du deine Steuererklärung ausfüllst.

Bonus-Level 3

Du kaufst dir deine erste physische Immobilie. Setze dir einen Filter auf einer Immobilien-Suchseite und beginne dich in deiner Stadt umzusehen.

Die populärste Finanzberaterin der USA, Suze Orman, meint zu Immobilien: „Ein Zuhause ist kein liquides Investment, dessen Wert immer steigen wird. Es ist in erster Linie ein Ort der Geborgenheit. Es kann genauso gut ein wunderbares Asset sein, aber nur, wenn man es mit einer klaren Erwartungshaltung angeht."

Bonus-Level 4

Gehe auf eine Hauptversammlung und setze dich aktivistisch ein. Du erinnerst dich sicher noch an die Aktivistinnen aus Kapitel 7. Nun bist du an der Reihe. Beginne damit, die Aktionärsversammlung zu besuchen, die bei dir am nächsten gelegen stattfindet. Sieh dir an, wie so etwas abläuft und beginne vielleicht mit einer Frage. Auch du kannst die Welt ein wenig verändern. Nur Mut!

Einer der bekanntesten Aktivisten ist der Hedgefonds-Manager Carl Icahn (der übrigens der Erzfeind von Bill Ackman ist). Er setzt sich dafür ein, dass Managements-Boards in den USA besser werden und macht keinen Hehl daraus, was er über manche denkt: „Ich kann euch sagen, wie schlecht Führungsteams sind. Ich muss gar nicht mehr Saturday Night Live schauen. Ich gehe einfach zu Vorstandssitzungen."

Bonus-Level 5

Du gehst in „Rendite". Das ist so etwas wie in Rente gehen, außer, dass du von deinen Dividenden anstatt einer staatlichen Rente lebst.

Also trau dich, und nicht nur für dich, denn die Finanzwelt braucht mehr Frauen. Wie die EZB-Chefin Christine Lagarde meinte: „Wenn es Frauen besser geht, geht es der gesamten Wirtschaft besser.", und: „Wenn Lehman Brothers ein bisschen mehr Lehman Sisters gewesen wäre, dann würde die Welt wohl heute anders aussehen."

Happy Investing!

Index

Quellenverzeichnis

1   Zum Vergleich siehe Geschäftsberichte der ATX-Gesellschaften.

2   Die Rede ist von dem Medikament Viagra und dem Film „Love and Other drugs", 20th Century Fox, 2010.

3   Robert J. Shiller, Irrational Exuberance, 1st Edition, Broadway Books, 2001 und Robert J.Shiller, Irrational Exuberance, 2nd edition, Princeton University Press, 2005

4   David Elias, Dow 40,000: Strategies for Profiting from the Greatest Bull Market in History, McGraw-Hill, 1999

5   Daten von Yahoo! Finance

6   James Glassman, Kevin Hassett, Dow 36,000: The New Strategy for Profiting from the Coming Rise in the Stock Market, Crown Business, 1999

7   Charles W. Kadlec, Dow 100,000: Fact or Fiction, Prentice Hall Press, 1999

8   Robert G. Eccles, Ioannis Ioannou, George Serafeim, The Impact of a Corporate Culture of Sustainability on Corporate Behavior and Performance, Harvard Business School, May 9, 2012

9   Rob Bauer, Daniel Hann, Corporate Environmental Management and Credit Risk, Maastricht University, 2014

10 forsa Politik- und Sozialforschung GmbH, Altersvorsorge, n9325/37328 Mü, 21. Februar 2019

11 Statistisches Bundesamt (Destatis), Lebenserwartung bei Geburt, Deutschland, 2019

12 Felix Butschek, Wifo – Österreichisches Institut für Wirtschaftsforschung, Monatsbericht 10/1974

13 Statistik Austria, Erwerbstätigenquoten nach Alter und Geschlecht seit 1994, erstellt am 19.3.2019

14 Statistisches Bundesamt (Destatis), Bevölkerung und Erwerbstätigkeit (Inländer), Zeitreihe, 2016 bis 2019 vorläufige Ergebnisse

15 Deutsche Rentenversicherung Bund, Rentenversicherung in Zeitreihen, Oktober 2019

16 Deutsche Rentenversicherung, Rentenatlas 2019

17 ebenda

18 Statistik Austria, Höhe der Durchschnittspensionen inklusive zwischenstaatliche Teilleistungen in der gesetzlichen Pensionsversicherung 2018

19   BMF Federal Ministry of Finance, Austrian Country Fiche on Public Pensions for the attention of the Economic Policy Committee's Ageing Working Group (AWG), March 1st, 2018

20   BMF Federal Ministry of Finance, Austrian Country Fiche on Public Pensions For the attention of the Economic Policy Committee's Ageing Working Group (AWG), March 1st, 2018

21   Scott Hankins, Mark Hoekstra, Paige Marta Skiba, The Ticket to Easy Street? The financial consequences of winning the lottery, The Review of Economics and Statistics, Vol. 93, No. 3 (August 2011), pp. 961-969

22   The Nielsen Company (US), LLC, Q2 2015 CONSUMER CONFIDENCE REPORT

23   Postbank – eine Niederlassung der DB Privat- und Firmenkundenbank AG, Tabuthema Geld, Presseinformation vom 05.08.2015

24   Jonathan Z. Berman, An T.K. Tran, John G. Lynch JR., and Gal Zauberman, Expense Neglect in Forecasting Personal Finances, Journal of Marketing Research, American Marketing Association, 2016

25   KS-V1870 Holding AG, Privatkonkurs: Selbständige am stärksten betroffen, Pressemeldung vom 05.03.2019

26   Statistik Austria, Konsumerhebung 2014/15, Ergebnisse im Überblick: Monatliche Verbrauchsausgaben 2014/15

27   ebenda

28   ebenda

29   Statistisches Bundesamt (Destatis), Fachserie 15 Reihe 1, Wirtschaftsrechnungen, Laufende Wirtschaftsrechnungen Einkommen, Einnahmen und Ausgaben privater Haushalte, 2017

30   Univ.-Prof. Dr. Dr. Christiane Spiel, Ass.-Prof. Mag. Dr. Marko Lüftenegger, Mag. Dr. Marlene Kollmayer, Mag. Daniel Graf, Taschengeld und finanzielle Bildung, Universität Wien & Münze Österreich AG, 24.09.2018

31   Greenpeace e.V.,,Konsumkollaps durch Fast Fashion, 1/2017

32   Untold Creative, LLC., The True Cost, 2015

33   finder.com, Americans spending $1.8 billion on unused gym memberships annually

34   Tabelle 17, Österreichische Nationalbank, Statistiken Sonderheft, Verschuldung der privaten Haushalte in Österreich, Juni 2018

35   Moty Amar, Dan Ariely, Shahar Ayal, Cynthia Cryder, Scott Rick, Winning the Battle But Losing the War: The Psychology of Debt Management, Journal of Marketing Research, Forthcoming, 13 Feb 2011

36 Greenpeace e.V., Wegwerfware Kleidung, Repräsentative Greenpeace-Umfrage zu Kaufverhalten, Tragedauer und der Entsorgung von Mode, 11/2015

37 coworkingguide.de, Coworking Preise: Die Kosten für einen Flex oder Fix Desk 2020, softurio UG, https://coworkingguide.de/coworking/coworking-preise/ Abgerufen am 8.2.2020

38 ING-DiBa Austria Niederlassung der ING-DiBa AG, ING Umfrage: Viele Hauskäufer sind unvorsichtig, Pressemitteilung vom 17. April 2019

39 Tabelle 17, Österreichische Nationalbank, Statistiken Sonderheft, Verschuldung der privaten Haushalte in Österreich, Juni 2018

40 ebenda

41 Gallup, Inc., One in Three Americans Prepare a Detailed Household Budget, April 11-14, 2013

42 Gülden Ülkümen, Manoj Thomas, Vicki G.Morwitz, Will I Spend More in 12 Months or a Year? The Effect of Ease of Estimation and Confidence on Budget Estimates, JOURNAL OF CONSUMER RESEARCH, 2008

43 Dan Ariely, Jeff Kreisler, Dollars and Sense: How We Misthink Money and How to Spend Smarter, Harper, 2017

44 Drazen Prelec, Duncan Simester, Always Leave Home Without It: A Further Investigation of the Credit-Card Effect on Willingness to Pay, Sloan School of Management, MIT, Received April 25, 2000; Revised June 8, 2000

45 Barbara L. Fredrickson, Michael A. Cohn, Kimberly A. Coffey, Jolynn Pek, Sandra M. Finkel, Open Hearts Build Lives: Positive Emotions, Induced Through Loving-Kindness Meditation, Build Consequential Personal Resources, J Pers Soc Psychology, PMC 2011 Aug 15.

46 Ed Diener, Carol Nickerson, Richard E. Lucas, Ed Sandvik, Dispositional Affect and Job Outcomes, Social Indicators Research volume 59, pages 229–259 (2002)

47 ING-DiBa Austria Niederlassung der ING-DiBa AG, ING Umfrage: Noch mehr Österreicher ohne Ersparnisse, Pressemitteilung vom 25. März 2019

48 Ipsos, ING Groep N.V., Savings comfort a path to happiness – Examining money choices in Europe, USA and Australia, ING International Survey Savings February 2018

49 Arbeitsmarktservice Österreich, Abt. Arbeitsmarktforschung und Berufsinformation, Übersicht über den Arbeitsmarkt, März 2019

50 TED Conferences, Wendy De La Rosa, 3 psychological tricks to help you save money

51 William T. Harbaugh, Ulrich Mayr, Daniel R. Burghart, Neural Responses to Taxation and Voluntary Giving Reveal Motives for Charitable Donations, Science 15 Jun 2007

52 Elizabeth W. Dunn, Lara B. Aknin, Michael I. Norton, Spending Money on Others Promotes Happiness, Science 21 Mar 2008

53 Elizabeth W. Dunn, Lara B. Aknin, Michael I. Norton, Prosocial Spending and Happiness: Using Money to Benefit Others Pays Off, February 3, 2014

54 Roper Center, Cornell University, Saguaro Seminar at the John F. Kennedy School of Government, Harvard University, Social Capital Community Benchmark Survey, 2000

55 Du könntest natürlich auch Ecosia verwenden, eine Suchmaschine, die Bäume pflanzt.

56 Unternehmensdatenbank der FMA: https://www.fma.gv.at/unternehmensdatenbank–suche/

57 Unternehmensdatenbank der BaFin: https://portal.mvp.bafin.de/database/InstInfo/

58 Die Liste der bewilligten Unternehmen und Produkte in der Schweiz: https://finma.ch/de/finma–public/bewilligte–institute–personen–und–produkte/

59 Schirch ist das wienerische Wort für hässlich.

60 Ja, auch Aktienhändlerinnen wird manchmal langweilig.

61 Forum nachhaltige Geldanlagen (FNG) 2012-2018, Marktbericht, Anlagevolumina und Marktanteil von Anlageprodukten mit Umwelt- und Sozialnutzen

62 Richtlinie 2014/95/EU des europäischen Parlaments und Rates vom 22. Oktober 2014

63 U.S. DEPARTMENT OF THE TREASURY, TARP Programs, https://www.treasury.gov/initiatives/financial-stability/TARP-Programs/Pages/default.aspx#, abgerufen am 8.2.2020

64 African Development Bank, Projects & Operations, https://www.afdb.org/en/projects-and-operations, abgerufen am 8.2.2020

65 EMMI - European Money Markets Institute, About EURIBOR®, https://www.emmi-benchmarks.eu/euribor-org/about-euribor.html, abgerufen am 8.2.2020

66 Antti Ilmanen, Stock-Bond Correlations, The Journal of Fixed Income Fall 2003

67 justETF.com, https://www.justetf.com/de/find-etf.html?assetClass=classbonds, abgerufen am 8.2.2020

68 Deutsche Börse AG, Börse Frankfurt, https://www.boerse-frankfurt.de/anleihen, abgerufen am 8.2.2020

69 Antti Ilmanen, Stock-Bond Correlations, The Journal of Fixed Income Fall 2003

70 Performance des MSCI World Index von 1969 bis 2019

71 Lixia Loh, Co-movement of Asia-Pacific with European and US stock market returns: A cross-time-frequency analysis, Research in International Business and Finance, Volume 29, August 2013, Pages 1-13

72 Brian M.Lucey, Cal Muckley, Robust global stock market interdependencies, International Review of Financial Analysis, Volume 20, Issue 4, August 2011, Pages 215-224

73 David M. Cutler, James M. Poterba, Lawrence H. Summers, National Bureau of Economics Research, What moves stock prices?, Working Paper No. 2538, March 1988

74 Bradford Cornell, What Moves Stock Prices: Another Look, November 20, 2012 California Institute of Technology

75 Yu Chiang Soon, News which Moves the Market: Assessing the Impact of Published Financial News on the Stock Market, 2010, Singapore Management University

76 Richard Roll, R2, The Journal of Finance, July 1988

77 Nai-Fu Chen, Richard Roll, Stephen A. Ross, Economic Forces and the Stock Market, The Journal of Business, July 1986

78 Perry Sadorsky, Oil price shocks and stock market activity, Energy Economics 21 1999

79 Stavros Degiannakis , George Filis, Renatas Kizys, The effects of oil price shocks on stock market volatility: Evidence from European data, 2014

80 Charles M. Jones, Gautam Kaul, Oil and the Stock Markets, The Journal of Finance, June 1996

81 Richard A. Ajayi, Mbodja Mougoué, On the dynamic relation between stock prices and exchange rates, The Journal of Financial Research, Summer 1996

82 Sheng-Yung Yang, Shuh-Chyi Doong, Price and Volatility Spillovers between Stock Prices and Exchange Rates: Empirical Evidence from the G-7 Countries, International Journal of Business and Economics, 2004, Vol. 3, No. 2, 139-153

83 Ming-ShiunPan, Robert Chi-WingFok, Y. AngelaLiu, Dynamic linkages between exchange rates and stock prices: Evidence from East Asian

markets, International Review of Economics & Finance Volume 16, Issue 4, 2007, Pages 503-520

84 R. Smyth, M. Nandha, Bivariate causality between exchange rates and stock prices in South Asia, 04 Jun 2010

85 Oguzhan Aydemir, Erdal Demirhan, The Relationship between Stock Prices and Exchange Rates Evidence from Turkey, International Research Journal of Finance and Economics ISSN 1450-2887 Issue 23 (2009)

86 José Gonzalo Rangel, Macroeconomic news, announcements, and stock market jump intensity dynamics, Journal of Banking & Finance, Volume 35, Issue 5, May 2011, Pages 1263-1276

87 Fusion Media Limited, investing.com, https://de.investing.com/economic-calendar/, abgerufen am 8.2.2020

88 Győző Gidófalvi, Using News Articles to Predict Stock Price Movements, Department of Computer Science and Engineering University of California, 2001, June 15, 2001

89 Jacob Boudoukh, Ronen Feldman, Shimon Kogan, Matthew Richardson, Which news moves stock prices: A textual analysis, NBER Working Paper No. 18725, January 2013

90 Armand Joulin, Augustin Lefevre, Daniel Grunberg, Jean-Philippe Bouchaud, Stock price jumps: news and volume play a minor role, December 2, 2008

91 Johan Bollen, Huina Mao, Xiaojun Zeng, Twitter mood predicts the stock market, Journal of Computational Science, Volume 2, Issue 1, March 2011, Pages 1-8

92 Venkata Sasank Pagolu, Kamal Nayan Reddy, Ganapati Panda, Babita Majhi, Sentiment analysis of Twitter data for predicting stock market movements, 3-5 Oct. 2016

93 Tushar Rao, Saket Srivastava, Analyzing Stock Market Movements Using Twitter Sentiment Analysis, August 2012

94 Daphne Lui, Stanimir Markov, Ane Tamayo, Equity Analyst and the Market's Assessment of Risk, March, 2010

95 Michael Murg, Matthias Pachler, Alexander M. Zeitlberger, The impact of analyst recommendations on stock prices in Austria (2000–2014): evidence from a small and thinly traded market, August 2014

96 Kee-Hong Bae, René M.Stulz, HongpingTan, Do local analysts know more? A cross-country study of the performance of local analysts and foreign analysts, Journal of Financial Economics, Volume 88, Issue 3, June 2008, Pages 581-606

97   Uday Chandra, Byung T. Ro, The Role of Revenue in Firm Valuation, Accounting Horizons: June 2008, Vol. 22, No. 2, pp. 199-222.

98   Narasimhan Jegadeesh, JoshuaLivnat, Revenue surprises and stock returns, Journal of Accounting and Economics, Volume 41, Issues 1–2, April 2006, Pages 147-171

99   Keith Anderson, Chris Brooks, Decomposing the price-earnings ratio, Journal of Asset Management, Volume 6, pages 456–469 (2006)

100 Keith Anderson, Chris Brooks, The Long-Term Price-Earnings Ratio, Journal of Business Finance and Accounting, 23 June 2006

101 Louis K.C. Chan, Josef Lakonishok, Value and Growth Investing: Review and Update, January/February 2004

102 Joseph D. Piotroski, Value Investing: The Use of Historical Financial Statement Information to Separate Winners from Losers, The University of Chicago Graduate School of Business, 2002

103 Forum nachhaltige Geldanlagen (FNG) 2012-2018, Marktbericht, Anlagevolumina und Marktanteil von Anlageprodukten mit Umwelt- und Sozialnutzen

104 Robert G. Eccles, Ioannis Ioannou, George Serafeim, The Impact of a Corporate Culture of Sustainability on Corporate Behavior and Performance, Harvard Business School, May 9, 2012

105 Rob Bauer, Daniel Hann, Corporate Environmental Management and Credit Risk, Maastricht University, 2014

106 N. C. Ashwin Kumara, Camille Smitha, Leïla Badisa, Nan Wanga, Paz Ambrosya and Rodrigo Tavaresb, ESG factors and risk-adjusted performance: a new quantitative model, Journal of Sustainable Finance & Investment, 2016

107 United Nations Department of Public Information, Sustainable Development Goals, https://sustainabledevelopment.un.org/sdgs, abgerufen am 8.2.2020

108 Tobias J. Moskowitz, Mutual Fund Performance: An Empirical Decomposition into Stock-Picking Talent, Style, Transactions Costs, and Expenses: Discussion, The Journal of Finance, Vol. 55, No. 4, 2000

109 Burton G. Malkiel, Reflections on the Efficient Market Hypothesis: 30 Years Later, Princeton University, The Financial Review 40 (2005)

110 Liuyong Lang, Weidi Liu, Luck Versus Skill: Can Chinese Funds Beat the Market?, 17 Nov 2015

111 Aleksandar Andonov, Rob M.M.J. Bauer, Netspar K. J. Martijn Cremers, Can Large Pension Funds Beat the Market? Asset Allocation, Market Timing, Security Selection, and the Limits of Liquidity, February 2012

112 Craig W. French, Damian B. Ko, How Hedge Funds Beat the Market, 29 Aug 2006

113 S&P Dow Jones Indices LLC, S&P High Yield Dividend Aristocrats® Index

114 Burton G. Malkiel, Reflections on the Efficient Market Hypothesis: 30 Years Later, Princeton University, The Financial Review 40 (2005)

115 Seite 51, European Union, European Commission, Distribution systems of retail investment products across the European Union Final report, 2018

116 FMA – Österreichische Finanzmarktaufsicht, FMA-Marktstudie über Fondsgebühren von österreichischen Publikumsfonds, Stichtag: 31.12.2018

117 European Securities and Markets Authority, ESMA Annual Statistical Report, Performance and costs of retail investment products in the EU 2019

118 Seite 51, European Union, European Commission, Distribution systems of retail investment products across the European Union Final report, 2018

119 Russel Kinnel, Morningstar Manager Research, Predictive Power of Fees Why Mutual Fund Fees Are So Important, May 2016

120 Tony Robbins, Money, Master the Game – 7 simple steps to fiancial freedom, Simon and Schuster 2014

121 The Vanguard Group, Inc., Vanguard S&P 500 ETF (VOO), https://investor.vanguard.com/etf/profile/voo, abgerufen am 8.2.2020

122 Statista Research Department, Anzahl der in Europa verwalteten ETFs von 2005 bis 2018, 20.02.2019

123 Deutsche Börse, ETF Magazin, https://www.boerse-frankfurt.de/publikationen/etf-magazin, abgerufen am 8.2.2020

124 State Street Corporation, SPDR® S&P 500® ETF Trust, https://www.ssga.com/us/en/individual/etfs/funds/spdr-sp-500-etf-trust-spy, abgerufen am 8.2.2020

125 MMI – European Money Markets Institute, EURIBOR® Rates, https://www.emmi-benchmarks.eu/euribor-org/euribor-rates.html, abgerufen am 8.2.2020

126 Nadeem Aftab, Ingo Jungwirth, Tomás Sedliacik, Nadir Virk, Estimating the Distribution of Sharpe Ratios, 2008

127 EPRA European Public Real Estate Association, Global REIT Survey, EPRA Global REIT Survey 2018 A comparison of the major REIT regimes around the world

128 Nareit®, https://www.reit.com/, abgerufen am 8.2.2020

129 British Property Federation, https://www.bpf.org.uk/reits-and-property-companies, abgerufen am 8.2.2020

130 Tony Robbins; Money Master the Game: 7 Simple Steps to Financial Freedom, Simon + Schuster UK, 2016

131 Gerd Kommer, Herleitung und Umsetzung eines passiven Investmentansatzes für Privatanleger in Deutschland: Langfristig anlegen auf wissenschaftlicher Basis, Campus Verlag, 2012

132 John C. Bogle, The Little Book of Common Sense Investing: The Only Way to Guarantee Your Fair Share of Stock Market Returns (Little Books. Big Profits), Wiley, 2017

133 Mary Buffett, David Clark, Buffettology: The Previously Unexplained Techniques That Have Made Warren Buffett the World's Most Famous Investor, Scribner, 1999

134 Victor DeMiguel, Lorenzo Garlappi, Raman Uppal, Optimal Versus Naive Diversification: How Inefficient is the 1/N Portfolio Strategy?, 2007

135 Ran Duchin, Haim Levy, Markowitz Versus the Talmudic Portfolio Diversification Strategies, The Journal of Portfolio Management Winter 2009

136 Talmud, Bava Metzia 42a

137 Stiftung Warentest, Geld anlegen mit Finanztest, Das Pantoffel-Portfolio – bequem und krisenfest, 20.08.2019

138 Verein für Konsumenteninformation (VKI), Lebensversicherung als Vorsorge, Hände weg!, KONSUMENT 4/2019

139 Stiftung Warentest, Lebensversicherung, Was die Lebensversicherung leistet, 25.04.2019

140 ebenda

141 Wirtschaftskammer Österreich, Die prämienbegünstigte Zukunftsvorsorge Bestimmungen im Überblick, Stand: 01.03.2019, https://www.wko.at/service/steuern/Die_praemienbeguenstigte_Zukunftsvorsorge.html, abgerufen am 8.2.2020

142 Michael Halling, Georg Mosburger, Otto Randl, Die prämienbegünstigte Zukunftsvorsorge: Ein attraktives Investment?, 2003

143 Marco J. Lomabrdi, Francesco Ravazzolo, On the correlation between commodity and equity returns: Implications for portfolio allocation, Journal of Commodity Markets Volume 2, Issue 1, June 2016, Pages 45-57

144 Anne-Laure Delatte, Claude Lopez, Journal of Banking & Finance Volume 37, Issue 12, December 2013

145 Geetesh Bhardwaj, Adam Dunsby, The Business Cycle and the Correlation between Stocks and Commodities, Journal of Investment Consulting, Vol. 14, No. 2, 14-25, 2013

146 Perry Sadorsky, Oil price shocks and stock market activity, Energy Economics 21 1999

147 Jonathan A. Batten, Cetin Ciner, Brian M. Lucey, The macroeconomic determinants of volatility in precious metals markets, Resources Policy, Volume 35, Issue 2, June 2010, Pages 65-71

148 Jorge Braga de Macedo, Jeffrey A. Goldstein, and David M. Meerschwam, International Portfolio Diversification: Short-Term Financial Assets and Gold, 1984

149 Jamal Bouoiyour, Aviral Tiwari, Refk Selmi, Olaolu Olayeni, What drives Bitcoin price?, Economics Bulletin 36(2):843-850 · May 2016

150 Ladislav Kristoufek, What Are the Main Drivers of the Bitcoin Price? Evidence from Wavelet Coherence Analysis, April 15, 2015

151 Alex Greaves, Benjamin Au, Using the Bitcoin Transaction Graph to Predict the Price of Bitcoin, December 8, 2015

152 siehe Endnote 3

153 Berkshire Hathaway Inc., Chairman's Letter, 2001

154 Deutsches Aktieninstitut e.V., Börse Stuttgart, Studien des Deutschen Aktieninstituts, Mehr Aktionäre in Deutschland Gleichgültigkeit und Missverständnisse überwinden, 2019

NO MORE BULLSHIT

**DAS HANDBUCH
GEGEN SEXISTISCHE
STAMMTISCHWEISHEITEN**

SORORITY (Hg.)

K&S

Sorority e.V. (Hrsg.)

NO MORE BULLSHIT

Das Handbuch gegen sexistische Stammtischweisheiten
Mit Beiträgen von Stefanie Sargnagel, Lady Bitch Ray,
Laura Wiesböck, Christoph May u.v.m.

176 Seiten | ISBN: 978-3-218-01134-1 | € 19,90

**KILLERPHRASEN ERKENNEN UND
SCHLAGFERTIG KONTERN**

„Der Pay Gap ist ein Mythos!", „Biologisch gesehen haben Frauen und Männer eben unterschiedliche Kompetenzen!" oder „Verstehst du keinen Spaß?" Wenn diese Sätze bei Ihnen Augenrollen auslösen, dann brauchen Sie dieses Buch. Wenn Sie Stammtischweisheiten, Weiblichkeitsmythen und tradierte Vorurteile hinterfragen wollen, dann brauchen Sie dieses Buch. Und wenn Sie sich einfach nur denken: Bullshit!, dann brauchen Sie dieses Buch sogar unbedingt. Das Frauennetzwerk Sorority e.V. hat es sich zur Aufgabe gemacht, altbekannten Killerphrasen etwas entgegenzusetzen: Fakten. Gemeinsam mit Wissenschaftlerinnen*, Expertinnen* aus unterschiedlichen Branchen und Künstlerinnen* schult die Schwesternschaft nun unerbittlich den Blick für Stehsätze und liefert schlagkräftige Argumente für die nächste Stammtischrunde.

In diesem Buch wird stets die weibliche Form verwendet.
Die männliche Form ist ausdrücklich beinhaltet.
Alle Angaben wurden nach bestem Wissen und Gewissen von
Autorin und Verlag recherchiert. Alle Angaben ohne Gewähr.
Jede Haftung ist ausgeschlossen.

www.kremayr-scheriau.at

ISBN 978-3-218-01204-1

Schutzumschlaggestaltung, typografische Gestaltung und Satz: Sheila Ehm
Cover unter Verwendung von Kanate/shutterstock.com
Illustrationen Kern: S.R. Ayers
Lektorat: Stefanie Jaksch
Druck und Bindung: FINIDR, Český Těšín